小泉今日子

koizumi kyoko

書評集

中央公論新社

小泉今日子書評集●目次

2007

2008

2009

2010

2011

2012

小泉今日子書評集

はじめに

本を読むのが好きになったのは、本を読んでいる人には声を掛けにくいのではないかと思ったからだった。忙しかった十代の頃、人と話をするのも億劫だった。だからと言って不貞腐れた態度をとる勇気もなかったし、無理して笑顔を作る根性もなかった。だからテレビ局の楽屋や移動の乗り物の中ではいつも本を開いていた。どうか私に話しかけないで下さい。そんな貼り紙代わりの本だった。それでも本を一冊読み終えると心の中の森がむくむくと豊かになるような感覚があった。その森をもっと豊かにしたくなって、知らない言葉や漢字を辞書で調べてノートに書き写すようにした。学校に通っている頃は勉強が大嫌いだったのに退屈な時間はそんなことをして楽しむようになった。

本を読むのは好きになったけれど、読書家と言えるほどたくさんの本を読んでいるわけでもないし、私が選ぶ本には節操がなく雑食的で漫画なんかも多く含まれているので『読売新聞』日曜日に掲載される書評欄の読書委員の話が来た時には正直なところ驚きと戸惑いしかなかった。

ある日、読売新聞の鵜飼という男がお前に会いたいと言っていると久世光彦《くぜてるひこ》さんから連絡があった。久世さんはテレビドラマの演出家として数々のヒット作を作り出し、作家としてもたくさんの小説を残した私の恩師。演技もお行儀も文章を書くことも全部私に教えてくれた人だった。和食屋さんのお座敷に私とマネージャー、向かいに久世さんと鵜飼さん。引き受ける自信のない私は簡単には首を縦には振れないまま目の前の日本酒をクイクイ飲んだ。お酒を飲めない久世さんとマネージャーを置き去りに私と鵜飼さんはどんどん酔っ払っていった。そのうちなんだかすっかり打ち解けて、いつの間にか引き受けることになっていたという酔っ払いにありがちなパターンで私は読書委員になったのだった。久世さんはそんな私たちを呆れたように、でも笑顔で見守ってくれていた。

最初の書評が載った日に、久世さんからファックスが届いた。

書評読みました。うまくて、いい。感心しました。Ｋｙｏｎがだんだん遠くなるようで、嬉しいけど寂しい。あなたの書評を読むと、その本が読みたくなるというところが、何よりすばらしい。それが書評ということなのです。

ロマンティスト久世さんらしいとてもキレイな直筆の文字を噛み締めるように読みながら私は泣いた。それから数年後、先に遠くへ行ってしまったのは久世さんの方だった。ある朝、突然逝ってしまった。久世さんからのファックスはもう届くはずないのに日曜日に書評が載ると電話機をつい確かめてみたくなる。天国にもファックスがあればいいのに。

その本を読みたくなるような書評を目指して十年間、たくさんの本に出会った。読み返すとその時々の悩みや不安や関心を露呈してしまっているようで少し恥ずかしい。でも、生きることは恥ずかしいことなのだ。私は今日も元気に生きている。

2005

しゃぼん

吉川トリコ

新潮社

2005・01・09

誰だって、昔は女の子だった。おばさんだって、お婆《ばあ》ちゃんだって。女の子という骨組みに贅肉《ぜいにく》のようなものを少しずつ纏《まと》って女になって行くのだ。若い頃は、それも楽しい。お洒落《しゃれ》をしたり、恋愛をしたり。でも、ある年齢を過ぎると、贅肉みたいな女度を憎らしく感じ、骨組みの女の子度がたまらなく愛おしくなる。

『しゃぼん』は二十九歳の〝女の子〟の話。大好きな恋人と暮らしているけれど、恋人のふわふわとした愛情が、結婚や出産によって脅かされるのでないかと不安を感じる。

仕事もせず、お洒落もせず、三日もお風呂に入らず、ソファーでうたた寝をしながら、ずっと〝女の子〟でいたいと足掻《あが》く。現実に気付かないほど若くはない。だからこそ足掻くのだ。女の子の心意気のまま、現実を受け入れる覚悟は、逞《たくま》しく、潔く、可愛らしい。「女による女のためのR—18文学賞」を受賞した「ねむりひめ」を含むデビュー作。

書評デビュー作。背伸びせず、私らしく書ける本を探しました。今こうやって振り返ると、長いほうの書評を書く自信がなくて、最初は短評が二本続いたのがわかります。私にしか書けない本、自分にできることができればいい、と思っていました。

沢村貞子という人

山崎洋子

新潮社

2005・01・23

人を愛する決心。愛される覚悟。本当の意味でそれを知っている女性は、今の世の中にどれだけ存在するのだろう。残念なことに私はまだそれを知らない。

沢村貞子さんの人生は、他人からしたら波瀾万丈《はらんばんじょう》である。下町で育ち、関東大震災や戦争を体験し、思想犯として一年余りを拘置所で暮らした。女優という職業、結婚、離婚、そして最愛の人との出会い。自分のために家族も仕事も捨てた男の覚悟を、命懸けで守り、愛し抜いた。

「結構、面白い人生だったわ」

長い間マネジャーを務めた著者、山崎洋子さんに沢村さんはさらりと言った。強く優しく聡明な人。そして潔い人だったという。八十歳で女優を引退。海の見える部屋で暮らし、愛する人の最期を看取り、「なぁんにも、思い残すことないの」と、颯爽と自らの死を迎え入れた。
愛とはなんて強いものなのだろう。そんな風に生き、そんな風に死んでみたいと思った。

女優という仕事をしているから、私にしか書けないかな、と選びました。子どもの頃から、沢村貞子さんが好きだったんです。この本がきっかけになって、沢村さんが書かれたエッセイを読むようになりました。

野ブタ。をプロデュース

白岩玄

河出書房新社

2005・03・06

何故だか太宰治の「人間失格」を思い出してしまった。二十代の初めのころに読み、大好きだった小説。人と関わる事の緊張感に耐えきれず、人前では常に道化を演じてしまうという悲しい主人公。私は彼のことが好きになり、読み終えた時には、心がとっても楽になっていた。それは、当時の私の心の中にもまた、いつもニコニコと笑顔を作り、本心を見透かされないように誤魔化《ごまか》してしまう道化みたいなものが住んでいたからかもしれない。

『野ブタ。をプロデュース』の主人公、高校生の桐谷修二はクラスの人気者。成績にもルックスにも問題なく、抜群の会話センスで教室中を楽しませる。何をどうすれば人が喜ぶのかをよく知っている。それはもう素晴らしい才能なのだが、残念なことに彼の中にも道化が住んでいた。実は自分が作り上げたキャラクターを完璧に演じていたのだ。朝、教室に足を一歩踏み入れた瞬間に〈いらっしゃいませ。本日も桐谷修二の着ぐるみショー、スタートです〉と幕を上げる。朝の教室の描写は妙にリアルでその騒々しさや匂いまでちゃんと伝わってくる。

或る日、イジメられっ子のさえない太った男子、通称「野ブタ。」が転校してくる。修二は「野ブタ。」のプロデュースを買って出る。イジメられっ子を人気者に育てるのだ。それはもちろん正義感なんかじゃなく、自分の力を試してみたいからだ。理由はどうあれ、修二は「野ブタ。」をイジメから救出する。お見事！　と声を掛けてあげたいところなのだが……。

この小説には注意が必要だ。一見、楽しい青春小説のようだが、その楽しさ自体が着ぐるみショーで、閉じた幕の中にみんなが憧れる人気者の深い孤独が隠されている。油断していると案外残酷な結末に胸がぎゅっと締め付けられる。人生は過酷なのだ。この結末には、希望なんて軽々しく言ってしまうよりも、もっとずっと確かで力強い未来がある。

とても覚えているのは、この本を取り上げようとなさっていた、川村二郎先生と畏れ多くも奪い合って勝利した本だったこと。のちにドラマ化されましたが、原作とは違う良さが出ていたと思います。

もてなしの心　赤坂「津やま」東京の味と人情

野地秩嘉

PHP研究所

2005・03・20

東京赤坂の日本料理店「津やま」の御主人、鈴木正夫さんの話をまとめた本である。昭和三十年代、銀座の割烹《かっぽう》で修業した少年時代の話が中心なのだが、まるで映画でも見るように頭の中で映像が動き出す。叱られた少年の赤くなった耳、路地で石蹴りをする子供達。古き良き昭和の銀座を自分もこの目で見ているような気がしてくるのだ。

過去と現在を比較したりせず、少年のキラキラとした目で見つめた思い出に、慎ましく感謝するような優しく静かな語り口。

その語り口のまま、誰でも簡単にできる家庭料理の作り方も教えてくれる。手順が詳しく書かれた料理本よりもずっと想像力が膨らんで、湯気がたった美味そうな料理が頭の中でちゃんと出来上がる。

想像とは豊かなことだ。鈴木さんの語りは読者に想像の余地を与えてくれる。物が豊かな時代に生きる私達は、本当の豊かさを知らない。それはとってても不幸なことかもしれない。

実は、これを書いた時は津やまに行ったことがなかったのですが、その後、久世（光彦）さんに連れていってもらいました。久世さんは、毎回、書評を読んでくださっていたので、お店を津やまにしてくれたのかも。

となり町戦争

三崎亜記

集英社

2005・04・03

冬の晴れた日の青い空、遠くに見えるビル、手前には広い河川敷。休日の散歩が似合いそうなのどかな風景写真がこの本の装丁である。子供達の遊ぶ声、草野球の歓声、橋を渡る電車の音。休日の音がたくさん詰まっているはずの写真を見つめていると、何かがおかしいことに気づく。静かすぎるのだ。写真に人間は一人も写っていない。動いてるものが一つもない。それなのに時間は流れ、人が生きていることを確かに感じる。全てがどこかに隠れ、みんなでそっと息をひそめているような奇妙な怖さを感じる。

『となり町戦争』の怖さはその静けさだ。主人公の「僕」は、町の広報誌によってとなり町との開戦を知るのだが、いつになっても爆撃の音も血の匂いもしない。今までと変わらないのに、広報誌の町勢概況を読むと確実に戦死者の数が増えている。町の事業として理路整然と進められる、見えない戦争の見えない死者。感情を持つ人間の存在自体を否定されたようで、読んでいるこちらも落ち着かなくなる。

ある日、「僕」は町から戦時特別偵察業務従事者に任命され、戦争が本当に起こっているのかを確かめるために引き受ける。「僕」に指令を出すのは、町の女性職員、香西さん。彼女もまた、感情をあらわにしない。二人は任務のため便宜的に結婚をし、新婚夫婦として敵地のアパートで共同生活を始めるのだが、それでも彼女の姿勢が崩されることはない。なぜ彼女は感情を表に出さないのか。

感情を素直に表現出来ることは、幸せなことだと改めて思う。泣いたり、笑ったり、怒ったり出来ることが。だから、閉ざされた香西さんの心を、少しでも理解し、解放しようと頑張る「僕」の人間らしさを応援したくなる。戦争の本当の怖さは、人間から感情を奪ってしまうことでもあるのだろう。この本を読んで初めて、自分の身の丈で戦争の恐ろしさを考えることが出来たような気がする。

――カバーの写真、一見、普通なんだけど、読んでから見ると……。歌手だった時代が長くて、CDのビジュアルをほとんど自分で考えていたこともあって、本を「ジャケ買い」することもあります。

さくら

西加奈子

小学館

2005・04・24

嬉《うれ》しい時、犬は尻尾を振る。あんまりにも嬉しいと、ブンブンブンブンブン尻尾が飛んで行ってしまいそうなほど激しく振る。

「さくら」というのは犬の名前。愛情溢《あふ》れる幸せな家族にカタカナで「サクラ」と呼ばれ飼われている。両親は仲が良く、三人の子供達はそんな両親の愛に包まれすくすくと逞《たくま》しく育ってゆく。「サクラ」は常にブンブンと尻尾を振っていなくてはならない幸福な犬。けれど、ある出来事によって、この家族の離散と再生が始まる。

家族の記憶というのは厄介だ。どんなに大人になっても、急所を軽く突かれただけでボタボタと涙が止まらなくなる。幸福というものが儚《はかな》いものだと知れば知るほど、その涙は不意を衝《つ》く。この小説を読んでいる時、私は何度も不意を衝かれた。悲しい予感は的中するし、時間は決して元に戻らないことを思い知らされる。それでも尻尾を振り続ける「サクラ」がいる。痛くて優しい小説だ。

――今をときめく西加奈子さんの出世作。西さんが書く人物は逞しくて素敵です。私も早くに一家離散したもので、家族ものには弱いんです。

人生ベストテン

角田光代

講談社

2005・05・01

三十代。恋愛の悩みを近しい人に軽々しく相談出来るほど若くないが、その問題自体から解放されるほど年を取ってもいない。これは現在三十九歳の私の実感であり、この先は未知の世界だ。何歳になっても悩んでしまうのかもしれないし、死ぬまで解放なんてされないのかもしれない。

角田さんの直木賞受賞後の第一作は短篇集。六篇の物語に登場するのは少しイライラした三十代の女達。恋人、夫婦、不倫、原因は様々だが、その解決がおもしろい。

決断を迫られた女達は、通りすがりの誰かに思いがけず激しい感情をぶつけてしまう。その瞬間、堰《せき》を切ったように今まで閉じ込めていた思いが解放される。人との距離は難しい。近しい人には言えないのに、遠い人には言えてしまうこともある。

この解放感はほんの一瞬だけで、明日もやっぱり悩むのかもしれない。それでも、一瞬の解放は確実な一歩。そんな明るい気分になれる小説。

短篇集。書いているように、スカッとする解決がおもしろかった。角田さんが直木賞を取られてすぐの掲載ですね。角田さんとは、原作の『空中庭園』の映画に出させていただいたり、その後、読書委員をご一緒したご縁もありました。

イソップ株式会社

井上ひさし

和田誠●絵

中央公論新社

2005・05・22

この本の主人公は二人の姉弟、中学一年生のさゆりと、小学四年生の洋介。小さな出版社イソップ株式会社を営む父が海外出張のため、夏休みを田舎で暮らす祖母の家で過ごすことになる。童話作家でもある父は、亡き妻と毎日一つずつお話を作って話すという約束をしていた。今はそれが子供達との約束ごとになっている。毎日郵送される父の「お話」。読んでいる私は次のお話を二人の姉弟以上に待ちわびてしまう。一つ一つのお話の世界を描く和田誠さんのイラストがまた素晴らしい。

物語を読むということが楽しいことだと知ったのはいつだったろうか？　友達と元気に外を走り回って遊ぶことが一番の楽しみだった頃、私はまだ本を読む楽しみを知らなかった。

小学校高学年の夏休みだったと思う。遊び相手が見つからない退屈な午後、なにげなく本棚の本を手に取った。星新一のショートショート、姉が買った本だ。暇つぶしに読み始めたら面白い！　一気に読み終えた本を前に、誇らしげな征服感と、とってても大事な秘密を共有したような喜びを感じた。静かなのにとてもエキサイティングな読書という時間を知った私は、少し大人になったような気がして嬉《うれ》しかった。夏休みは子供達をこっそり成長させる秘密の時間なのである。そんなことを思い出したのは『イソップ株式会社』も姉弟のひと夏の成長物語だったからだ。

実は、毎日届けられる「お話」には秘密がある。そのことで動揺するさゆりだが、田舎で出会った様々な経験や、洋介の励ましに助けられながらそれを乗り越え、大人になってゆく。

姉弟の成長物語と、物語の中の物語（お話）が後半でリンクしてゆくあたりもワクワクしてとってても楽しい。一冊で二倍も三倍もの楽しみを味わえた。親が子供に、子供が親に、どちらが薦めてもおかしくない家族みんなで共有して楽しめる、そんな本だと思う。

——一緒に読書委員をしていた米原万里さんに、（妹の夫である）井上ひさしさんが「喜んでたわよ」と言われて嬉しかったです。

ポーの話

いしいしんじ

新潮社

2005・06・26

この本を開いてしまったから、そこに描かれた不思議な世界に巻き込まれてしまうより仕方がなかった。自分の想像を遥かに超える創造の物語に戸惑いを感じながらも、その一方でざわざわとした胸騒ぎのような期待が溢れ出す。

その町の真ん中にはゆったりと流れる泥の川がある。川の浅瀬で鰻《うなぎ》漁をする「うなぎ女」から「ポー」は生まれた。清いものも、汚れたものも、その濁った川面に隠し、眠るように流れる泥の川。そこが「ポー」の世界のすべてだった。「ポー」はそれ以外なにも知らない。人間の感情さえ知らなかった。悲しみに、淋しさに、憎しみに、喜びにさえも鈍感だった。

この物語には奇想天外なキャラクターが次々と現れる。女ったらし空き巣「メリーゴーランド」、その妹「ひまし油」。コンパクトを見て天気を占う「天気売り」。「子ども」という名の犬を飼う「犬じじ」。人間なのかも疑わしい強烈な愛すべきキャラクター達との出会いによって「ポー」の世界が少しずつ広がってゆく。

人生はこうして始まるのだと思った。赤ん坊はいつしか歩き出し、いつの間にか言葉を覚え、感情を知り、少しずつ自分の世界を広げてゆく。そして運命の波に流されながら、自分にとって本当に大切な何かを見つけるのだ。

五百年ぶりの洪水が町を襲う。混乱の中、「ポー」は小舟に乗って川を下る。出会いと別れを繰り返し、さらに遠い遠い未知の場所へと運命の小舟は進んでゆく。

この物語を読んでいる時、「ポー」の好奇心はそのまま私の好奇心だった。彼の目に映る光景をその目線のまま見ていた。人間にとって本当に大切なものは何か？　誰もが知りたいその答えを「ポー」と一緒に探していた。私達はそれを見つけたのかもしれないし、見つけられなかったのかもしれない。答えなんかないのかもしれない。ただ、本当に大切なものの小さなかけらを、誰もが既に心の中に持っているのかもしれない、と思った。

——この本は苦労しました。何度も書き直しをして、最後は、「これ以上は私はバカだからできません」とキレ気味でした……。

東京タワー　オカンとボクと、時々、オトン

リリー・フランキー

扶桑社

2005・07・10

リリー・フランキーさんは多才な人だ。絵も書くし、文章も書くし、音楽や写真もやる。時にはテレビに出ていたり、ラジオでしゃべっていたりもする。いろいろな顔を持ち、軽々と自由にジャンルの壁を越える人。そのくせ、いつも控えめで、恥ずかしがり屋の少年のように、本当のことを最上のユーモアで包んでしまい、なかなか正体を摑《つか》ませてくれない。

福岡育ちの東京人、リリー・フランキー初の長篇作は私小説だ。「ボク」の心の中には、いつも「オカン」がいる。側《そば》に居ても、遠く離れていても「オカン」はいつも居る。そして時々「オトン」がひょっこり現れる。「オカン」「ボク」「オトン」。家族の大切な記憶がぎゅうぎゅうに詰まっている。

最愛の母親の最期を看取《みと》った息子は、この物語を書かずにはいられなかった、そんな感じがした。人の記憶はもっと曖昧なはずなのに、幼い目で見ていたものの全てを、聴いていた音の全てを、母と過ごした時間の全てを、丁寧に細密に活き活きと描く。これ以上、母に対してやり残すことがないように、後悔しないように、そんな息子の思いが伝わってくる。

母と息子の関係というのは、こんなにも美しいものなのかと思った。「オカン」と「ボク」の何気ない会話に、何度も甘い溜《た》め息を漏らした。深い愛情の中に、お互いを思いやる遠慮や節度がある。下手な恋愛ドラマなんかよりもずっと色っぽくて美しい関係。そこには、所謂《いわゆる》マザコン的な気持ち悪さは全くない。

「オカン」というと肝っ玉母さんという発想になりがちだが、この「オカン」は「オカン」になる前からイイ女だったのではないかと思う。気風《きっぷ》がいい、カッコイイ女が「オカン」になった。時々現れるダメな「オトン」もまた、女にも男にも惚《ほ》れられるような粋なイイ男なのだ。この二人の遺伝子を受け継いだ「ボク」の、優しく切ない物語に、私は気持ち良く笑って泣いた。

――本屋大賞受賞作。私自身は三姉妹で、母親も含めて四姉妹という感じ。母親と息子の関係を、想像すらできなかったんです。

ふたりの山小屋だより

岸田衿子

岸田今日子

文春文庫

2005・08・07

夏の一冊

この夏は、まもなく始まる舞台公演「エドモンド」の稽古のため、冷房が利き過ぎる極寒の地下のスタジオに毎日通っている。夏休みはもちろん、夏そのものを奪われたような気分である。

『ふたりの山小屋だより』を毎晩ベッドの中で少しずつ読

む。詩人の岸田衿子さんと、女優の岸田今日子さんの姉妹が、幼い頃から夏を過ごしていた北軽井沢の別荘での思い出や日記が一冊にまとめられている。植物の匂い、川のせせらぎ、鳥のさえずり、虫の声、山の夏が私の寝室に静かに訪れる。奪われた夏を取り戻し、稽古で疲れた身体は眠りに落ちる。

毎年、夏休みの頃に「夏の一冊」という特集がありました。同じテーマで委員それぞれが一冊の本を選ぶ。他の方がどんな本を選ぶのかが楽しみだったし、今年はどんなテーマを投げかけられるだろう「あっ！ そう来たか」というのも楽しかったです。

夏の吐息

小池真理子

講談社

2005・08・21

子供の頃、大人の女性の横顔をこっそり観察するのが好きだった。電車のドアの前に立って、流れる景色をただぼーっと眺めている人。喫茶店でコーヒーを飲みながら遠い目をしてる人。空虚な表情の中に何かを押し隠している。この人は、自分がまだ知らない何かを確実に知っているのだな、と漠然と感じた。色っぽいというのはこういうことなのかと少女の私は思った。

『夏の吐息』は、大人の女性六人の恋愛を描いた短篇集。不倫だったり、自殺願望のある年下の男との恋だったり、どこか罪深く、だからこそ純粋なのかもしれない大人の恋愛。人生にどんなに悲しいことが起こっても、心に喪失感という大きな穴がぽっかり空いたとしても、通り過ぎた後に、たくましく生きている自分がいることを大人の女は知っている。過去も、涙も、秘密も、たった一人で受け止める。子供の頃に観察したあの色っぽい横顔の答えを見つけた気がした。

――お会いしたことはありませんが、雑誌などでお見かけする小池真理子さんはとても美しい。ご本人も作品も、私が子供の頃に憧れた「大人の女」そのものです。

一千一秒の日々

島本理生

マガジンハウス

2005・10・09

東京で一人暮らしを始めた十代の頃、週末になると友達が泊まりにきて地元の友人達の恋愛情報を教えてくれた。誰々と誰々が別れた。誰々と誰々がくっ付いた。そんな話をいつも朝になるまで聞いていた。この本を読んでいる時、あの話の続きを聞いているような懐かしさを感じた。

本書は若い世代の恋愛を描いた連作短篇集である。最初の話で主人公の友人として登場する脇役だった女の子が、次の話では主役になっていたりする。物語がどんどんどんどん繋《つな》がって、いつか自分の番が回ってくるような気がして可笑《おか》しかった。肥《ふと》っているからと自信が持てない男の子や、融通の利かない女の子といった登場人物たちはみな、自分の半分くらいの年齢なのに。

どうしてだろう、と思いながら読んだ。そして本を閉じてから、ふっと思い出した。私も間違いなく不器用な若者の一人だったのだ。

――この書評を書いた頃、連作短篇が多く刊行されていた気がします。自分もその中にいるかもしれないと思えるのが楽しい。

白骨花図鑑

甘糟幸子

集英社

2005・11・06

なんて美しい想像なのだろう。死んでしまった自分の肉体を、様々な植物の種を敷き詰めた山の上の明るい平地に横たえる。いつか植物たちが芽をだして、白骨はきれいな花々に囲まれる。入院中の病室で誰とも言葉を交わさずに、窓から見える空を眺めながらそんなことを考えている老婦人。

病院を抜け出し、図書館で調べて白骨花図鑑を書き上げる。頸椎《けいつい》には水色の首飾りのようにホタルカズラ、肋骨《ろっこつ》の間からはナンテンハギ、胃袋の辺りはセンブリ。死というものを間近に感じているはずなのに、花図鑑を完成させてゆく彼女からは楽し気な少女の笑い声がクスクスと聞こえてくる。

でもそれは、決して狂気ではない。死を当たり前のことだと静かに受け止めている。旅慣れた大人の女の無駄のない身支度のような気持ち良さを感じた。死はいつか、誰にでも訪れる。ジタバタしないその時を空想するのも生きる楽しみなのかもしれない。他に三篇収録。

この本は、すごく覚えています。今でもその姿を想像することがあります。「狂気ではない」と書いていますが、男の人から見たら、この想像自体が、狂気かもしれない。

プーさんの鼻

俵万智

文藝春秋

2005・11・20

『サラダ記念日』が出版されたのは十八年前、私は二十一歳だった。テレビや雑誌で連日のように取り上げられるその本を知ってはいたけど読まなかった。当時の私は、短歌なんか古くさいものだと決めつけていた。三十一文字に凝縮された言葉のリズムは生真面目で美し過ぎて、退屈なものなのだと思い込んでいた。

きれいなピンク色に金色の文字で「プーさんの鼻」と書かれたシンプルな装丁。八年振りの歌集のページをパラパラと捲《めく》ると一気に最後までその手が止まらなかった。生真面目で単調なリズムなのだと思っていた短歌は、その言葉や感情によってリズムが変調して行くことに気付いた。美しいクラシックも、切ないバラードも、ロックの激しいリズムだって聞こえてくる。短歌はまさに歌なのだ、音楽なのだ。

〈短歌は、私のなかから生まれるのではない、私と愛しい人とのあいだに生まれるのだ〉と、あとがきにある。子供や家族、そして恋人。かけがえのない愛しい人とのほんの一瞬の出来事を祈りのように言葉という音楽に閉じ込める。

〈秋はもういい匂いだよ早く出ておいでよ八つ手の花も咲いたよ〉。まだお腹の中にいる子供へ呼びかける歌には、女に生まれたからには味わってみたい羨《うらや》ましい時間がそこにある。

〈どこまでも歩けそうなる皮の靴いるけどいないパパから届く〉。幸福の陰に見え隠れする決断が、切なく胸に突き刺さる。

〈生きるとは手をのばすこと幼子の指がプーさんの鼻をつかめり〉。ちいさな命のたくましさに励まされることもあるのだろうな。

〈揺れながら前へ進まず子育てはおまえがくれた木馬の時間〉。死ぬまでに愛しい人との時間をどれだけ過ごせるのだろう。こんな風に一瞬を大切な宝物のように慈しむことが出来たら、私の未来も変わるのかもしれない。

私同様、過去の作品を逃した方は同時出版の自選歌集『会うまでの時間』も一緒にどうぞ。


――詩や短歌は、よくわからなかった。初めてきちんと読んだのがこの本でした。言葉ってすごいと改めて思いました。

ワルボロ

ゲッツ板谷

幻冬舎

2005・12・04

エッセーやコラムなど、ライターとして活躍するゲッツ板谷さん初の小説は〈ゴギャ！〉という音で始まる。チョーパン（頭突き）を鼻の付け根に入れられた時の痛みを表現した音だ。ケンカばかりしていた中学時代最後の一年間を書き綴った自伝的青春小説は私の胸を熱くする。ワルくてボロい、ワルボロ中学生達が一生懸命生きている。世代が近いせいかもしれないけれど、あの頃の、あの年頃のヒリヒリとした心の痛みが一気に甦る。素直になれなくて、わざわざ自分を傷付けてはその痛みに生きている実感を得ていたあの頃を思い出し、大きな声でわーっ！　と叫びたくなった。

小説の舞台は東京郊外の町、立川。いくつかの中学校があり、どの中学が一番強いか競い合っている。街角で他校のワルに出くわしたら最後、戦うしかないのだ。真面目に塾通いをしていた主人公のコーちゃんは、ある事をきっかけに同級生のワル達と仲良くなり、友情というものを初めて知る。そして、ヤッコ、小佐野、キャーム、ビデちゃん、カッチン、五人の仲間達と立川の町を暴れ回る日々が始まる。

ケンカの描写が妙にリアルで、読んでると思わず痛っ！　と顔をしかめたくなるけれど、なぜだか後味がさわやかで胸がスカッとする。このワル達は誰のせいにもしないからかもしれない。自分達が暴れる原因を親のせいにも、学校のせいにも、世の中のせいにもしない。ケンカ相手にも恨みはさほどない。カッコ悪い自分を見せ合い、笑い合う事が出来る大切な仲間達との友情と信頼を深めるためのケンカなのだ。

中学生というのは、子供でもなく、大人でもない。人生の中でも特殊な時間だったと私は思う。将来の夢を見つけるにも、恋愛を知るにもまだ早く、それでもお腹の底から沸き上がるエネルギーは強大で、いつもそれを持て余していた。ケンカを肯定する気はないけれど、このワル達の不器用で真っ直ぐな生き方になんだか私は元気をもらった。

これこそ、私にしか書けない本。私が中学生の頃に持っていた勢いやエネルギーそのものが詰まった小説で、楽しく読みました。

2006

クワイエットルームにようこそ

松尾スズキ

文藝春秋

2006・01・15

ゲロでうがい、そんな衝撃的なシーンからこの小説は始まる。二日酔いの日に読むのは辛そうな冒頭の数ページだが、幸いその日は二日酔いじゃなかったし、なによりもその先に広がる過激なくせに脱力系の松尾スズキワールドは、十分に私を楽しませてくれた。

小説の舞台は精神科病院。睡眠薬を飲み過ぎて意識を失った女が閉鎖病棟の一室、クワイエットルームと呼ばれる部屋で目覚める。精神病患者として危険度レベルの高い者が収容される部屋である。ベッドに手足を拘束され、意識を失ったまま嘔吐する主人公が見た夢が「ゲロでうがい」だったのだ。

精神科病院に入院する患者たちを取り上げたテレビのドキュメンタリー番組を観た

ことがある。過食嘔吐で痩せ細った女性が、食べ終わった食器を名残惜しそうにベロベロと舐《な》めまわしていた。心がザワザワしながら観ていると、同じ女性がディレクターからの質問に対して理路整然と答えている。心の病の厄介さをその番組に垣間みた。人は誰でも、なにかの拍子で正気を失う危険がある。心の病は、ありふれた日常のすぐそばにあるのだと、その時思った。なにがまともで、なにがまともじゃないのか、紙一重の世の中で私達は生きているのだ。

主人公が〈正気を踏み外した〉のは、恋人とのケンカがきっかけだった。摂食障害、人格障害、うつ病、薬物中毒、相当に厄介な女達が集まる閉鎖病棟を、最初は別世界と感じていたけれど、冷静に観察するうちに、他の患者たちとの間に友情みたいな感情が生まれる。そのあたりのエピソードは切なく、温かく、涙ものだ。「まとも」も「まともじゃない」も関係ない。みんな必死に生きているのだ。

リアルだけれど、写実とは違う、まるで友達が体験した主観的な話を聞いているような気楽なリアルさがこの小説にはあり、そのぶん他人事とは思えない怖さも感じてしまった。

——文章の最初のひと言を読んで、「あんな品のない文章を書く女が……」とネットにお書きになった方が。日曜の朝から大変失礼いたしました。

それにつけても今朝の骨肉

工藤美代子

筑摩書房

2006・04・02

　表題になんだかとっても興味をそそられて思わず手に取った本書は、ノンフィクション作家である工藤美代子さんの自伝だった。離婚した両親の生き方に翻弄《ほんろう》された少女時代の話を中心に綴られている。

〈あたしね、あの男が死ぬまでは絶対に死なない。パパが死んだらお赤飯炊くからね〉と、恨みがましいことを言いながらも毎朝父親の話をする母親。金色のドレスを着た愛人とのデートに娘を同伴させる父親。腹違いの兄、出来の良い実姉、障害を持った実兄、意地悪な祖母に父親の後妻。家系図を書いて頭の中を整理したくなるくらい賑《にぎ》やかな血縁関係だ。複雑な思いもあっただろうに、文章はどこか客観的にさばさばと無駄なく進んで行く。そうしなければ血の繋《つな》がりのどうしようもない濃さを書き進めることが出来なかったのかもしれない。

『ベースボールマガジン』という雑誌を創刊し、名実ともに成功者である父親は子供達にとって絶対的な存在だったが、旅行先のニューヨークでろくに英語も喋《しゃべ》れず怖《お》じ気《け》づく。そんな姿に失望した話には、私も「わかるわかる」と頷《うなず》きたくなった。家庭という小さな器の中ではとっても大きな父親の背中を、もっと大きな別の器の中で見るとびっくりするほど小さく頼りなくて腹立たしさを感じたことがある。自立して、社会に出て働くことに自信がついた頃だったと思う。でも、後で気付くのだ。その小さく見えたあの背中はやっぱりとてつもなく大きかったのだと。

「物書き」になった著者も後で気付く。父親は〈おまえは好きなことを書け。俺が世間の風は受け止める。俺さえわかっていれば、それでいいことだ〉と、いつも援護してくれていた。その父親がついに九十歳で亡くなった日にお赤飯を用意して母親に叱られるエピソードには骨肉の醜い争いなんて程遠い、切っても切れない家族の絆を強く感じて胸が温かくなった。


――お金持ちで、愛人がいても許され、腹違いのきょうだいがいて……今ではサスペンスドラマでしかありえない家族構成だけど、昔はいっぱいあったんだろうな。

わたしのマトカ

片桐はいり

幻冬舎

2006・04・16

女優、片桐はいりさんの初のエッセイ集は、映画の撮影で一か月間滞在したフィンランドを中心としたユーモアと愛と人情味溢《あふ》れる旅のお話。「マトカ」とはフィンランド語で旅を意味する言葉だそうだ。

好奇心旺盛な片桐さんは素敵な旅人だった。市場で買ったバケツいっぱいの苺をスプーンですくってムシャムシャ食べたり、「地獄」という名の怪し気なナイトクラブに一人で潜入してしまったり、するりとその街に溶け込みながら、どこの街に立っても旅行者としての〝異質感〟をちゃんと味わい、またそれを楽しむ心意気がある。
臆病者の私は未《いま》だかつて一人旅の経験がない。仕事で海外に行くことも多いが、私は決して旅人ではなかったと、この本を読んで気付いた。いつか一人旅をしてみよう、そんな決意が芽生えた。その時はこの本をお守り代わりに荷物に入れよう。片桐さんは私の旅の女神になって優しく手を振ってくれるだろう。

はいりさんは、書かれるエッセイと同じく、すごく可愛い人。好奇心旺盛で、人の話を聞くときに、クルックル表情が変わるんです。「いつか一人旅をしてみよう」と書いてますけど、まだしてません。一生しないかも……。

黒猫ひじき

西村玲子

ポプラ社

2006・05・07

〈猫がいるから、あたたかい日々〉。ラベンダー色の帯にそんな言葉が書いてある。イラストレーターの西村玲子さんが飼い猫との日々を綴ったエッセイだ。私はこの帯の言葉を実感している。我が家にも三歳の「小雨」という名のメス猫がいて、この三年間、彼女に心癒やされる〈あたたかい日々〉を過ごしている。彼女のいない生活などもう考えられないほど大きな存在だ。

子供の頃から猫が好きだった。少女時代は家に必ず猫がいて、いつも一緒に寝ていた。仕事を始め、忙しい日々の中で猫がいる生活というのを長い間すっかり忘れていたが、三年前、小雨降る春の日に彼女に出会ってしまった。

〈猫たちと飼い主との出会いは全て運命、ロマンティックな運命。だからこんなに愛しい〉。そう運命なのだ。「黒猫ひじき」はゴミ捨て場にゴミと一緒に捨てられていた不憫《ふびん》な猫だった。みーみー鳴いているのを息子が拾い、母が育てる運命となる。トイレの躾《しつけ》もされていない子猫に戸惑いながら「ひじき」との生活が始まった。猫とは自由気ままな生き物である。ペットを飼うなんて感覚では一緒に暮らせない。気が付くとその気ままさに支配され、こんな風に生きてみたいと、人生を教わっているような気にさえなったりするのだ。

夜、ベッドにゆくと、既にひじきが長々と身体を伸ばしてベッドを占領している。著者はいかにひじきの邪魔をしないように寝るか策を練る。その姿を想像すると思わず笑ってしまう。猫好きにはたまらない微笑ましいエピソードと、著者自身が描いた気の抜けたようなゆるいタッチの猫のイラストがまた猫好きのツボにはまってしまった。

猫好きにしかわからない本かもしれません。猫との関係は、向こうが「主」、こちらは「下女」なんですよね。イラストがとてもかわいかったです。

ミーナの行進

小川洋子

中央公論新社

2006・06・04

一九七二年三月、小学校を卒業したばかりの十二歳の主人公、朋子は家庭の事情で神戸にある伯母の家に預けられる。そこは〈これが、家なんですか?〉と、思わず声を上げてしまうほど広くて立派な、山の上に建つ洋館だった。六六年生まれの私は、朋子とほぼ同世代と言えるだろう。当時の一般家庭の生活は、お膳《ぜん》と座布団の〝昭和お茶の間スタイル〟。朋子がその洋館を前にした時の驚きと感動と興奮は他人事ごとではなく、手に取るように伝わってきた。

洋館に住む個性豊かな家族達はみな朋子を歓迎してくれた。ドイツ人のローザおばあさん、その息子の伯父さん、妻の伯母さん、娘のミーナ、お手伝いの米田さん、庭師の小林さん。そして広い庭ではミーナの相棒、カバのポチ子が飼われている。朋子がそこで暮らした一年あまりの時間は、生涯忘れることのない大切な大切な宝箱のような思い出になるのだ。

思い出の中心になるのは、一つ年下のミーナ。美少女ミーナは体が弱く、小児喘息《ぜんそく》を患っているけれどとっても魅力的な女の子だった。本が大好きで、集めているマッチ箱に描かれた絵をもとに、自分でも素敵な物語を作り上げてしまう。そして何よりもカッコイイのは、ポチ子の背中に乗って威風堂々と行進しながら学校へ通う姿。朋子はすぐにミーナのことが好きになった。私は、朋子とミーナの後を追い回す、一番年下のもう一人の従妹《いとこ》になったつもりで二人の世界に入り込んでしまった。それぞれの淡い初恋も、二人だけの秘密のお話も、幸せそうな家族の中に潜んでいるそれぞれの闇も、それでもやっぱり頑丈な絆で結ばれる瞬間も、全部一緒に覗いてしまった。

思い出の切なさも美しさも儚《はかな》さも、全部上手に伝えることは本当は難しい。『ミーナの行進』はそういう意味でも完璧な物語なのかもしれない。私は今、読者ということを忘れて、その物語の隅っこに確かに存在していたような錯覚に戸惑っている。


――私が幼い時に見ていた昭和の「豊かさ」。外国人とか、洋館とか……。海外ドラマの『長くつ下のピッピ』とか、『大草原の小さな家』とか、大好きだったたな。年齢的にも、自分の思い出とリンクする作品でした。

本を読むわたし

華恵

筑摩書房

2006・07・23

あなたの一番大切なものは何ですか？　と訊《き》かれたら、私は迷わず「記憶」と答える。私の心の中に詰まっている様々な記憶は過去からの優しい風のように、今の私を慰め、励まし、奮い立たせてくれる。良い事も、悪い事も全部が愛しい大切な思い出。私の記憶は私が私であることの証明みたいなものなのだ。

著者、華恵さんは十五歳の女の子。ニューヨークで生まれ、六歳の時に日本に移り、三年前に作文集『小学生日記』で鮮烈なデビューを飾った。幼い頃から本が大好きだった華恵さんの大切な思い出は、必ず本と結びついているという。彼女が出合った本と、それにまつわる思い出がエッセーとしてこの一冊に詰まっている。

彼女の柔らかな感性はとっても優しくとっても鋭い。出合ってきた本によって感じたことのひとつひとつが細胞になって華恵さんという素敵な女の子を作り上げていったのだと思う。アメリカから日本に来た時の違和感や、離れ離れの家族のことや、ニューヨークに生きるいろいろな国の人達のことや、淡い初恋や、友達とのケンカや、たくさんの思い出の傍らに本がある。でも、決して本だけがあるんじゃない。本の世界に逃げ込むのではなく、本を通していろいろな世界とちゃんと繋《つな》がって生きることが出来る強い女の子なのだと思った。

そんな彼女の原点はニューヨークの本屋さんで生まれて初めて買ってもらった絵本『I Like Me!』の子豚ちゃん。その子豚にピギーちゃんという名前を付けた。自分のことが大好きな、元気で明るく自信満々なピギーちゃんは幼い頃の華恵さんそのものだ。気分が落ち込んだ時にはこの本を机の上に立てて勇気をもらう。

自分のことを好きだと感じることは簡単そうで難しい。生きていれば次から次へと新たなステップを超えなければならないから自分を見失いそうになる。大切な思い出はそんな時、頼もしい道標になってくれる。

――15歳の子がこれを書いた？　とっても素敵で、驚きました。大人になった今、何を考えているかを知ってみたい人ですね。

銀の犬

光原百合

角川春樹事務所

2006・08・06

言葉って、とっても不思議で力強いものだと改めて思う。ケルト民族に伝わる民話をモチーフに描かれた壮大なファンタジーが、なんにも知らない私の頭の中で勝手に動き出す。読み始めた時には耳慣れない言葉や見た事のない風景の描写に戸惑っていたのに、読み進むうちに輪郭が現れ、線を結び、立体になる。やがて、色や音や光や匂いすら感じる事ができるようになる。私の頭の中に巨大なワイドスクリーンが広がって行くようだ。やっぱり読書って楽しい。

この世に想いを残して死んでしまった魂を音楽によって解き放つため旅をする、祓《はら》いの楽人「オシアン」を主人公とした連作長篇はとっても美しく、愛に満ちていた。嫉妬、憎しみ、悲しみ、後悔に苛《さいな》まれ動くことができない魂たちを、声を失っているオシアンは美しい竪琴《たてごと》の調べで、元の姿に戻し、行くべき場所に送る。

表題作「銀の犬」のエピソードはとりわけ切ない。獣使いに調教され、飼い主に対する忠誠のまじないをかけられた犬、クー。飼い主の若妻は幸福な日々を過ごしているのだが、ある日突然クーに喉《のど》を噛《か》み切られ死んでしまう。クーもまた人の手により殺《あや》められ、ふたつの魂はその場所に留まる。クーはなぜ、愛する主人を襲ったのか。愛とまじない、深い絆で結ばれた真実がオシアンによって明かされる。

オシアンをサポートする可愛い少年「ブラン」や、途中から物語にからんでくる獣使いの「ヒュー」と黒猫「トリー」など脇役も魅力的だ。オシアンはとても美しい容姿だというし、やっぱり私の頭の中のスクリーンだけでは物足りない。何十億もかけてハリウッド映画にして欲しい！　なんて思ってしまう私は、まるでスターに恋する少女のようである。

著者のあとがきに、彼らの旅はまだ続いていると書いてある。続篇も期待できるのかもしれない。オシアンが声を失ったエピソードやブランとの出会いも読んでみたいなと思った。


――ファンタジーを書評するのは、意外と難しい。創造された作品世界の設定から説明すると、それで文字数が埋まってしまう。勉強になりました。

夕子ちゃんの近道

長嶋有

新潮社

2006・08・13

夏の一冊　やっぱり気になる

私の心残りの一冊は、古道具屋に居候を始めた「僕」と、そのまわりの極々身内っぽい人たちの、なんでもないような、でもちょっとした事件のような日々を淡々と描いた長嶋有さんの連作短篇集。

この小説に出てくる街が私は好きだ。人通りの少ない夜の道路に光る信号機とか、狭い路地の突き当たりに止めてある自転車とか。普段なら素通りしてしまうようなさりげない風景の中にこそ物語がひっそりと存在しているようで、とっても素敵に感じてしまう。

——長嶋有さんの他の作品にも散歩したくなるような街が出てきます。知らない街の小さな路地を曲がるときのワクワクする感じが小説の中にあるんです。

八月の路上に捨てる

伊藤たかみ

文藝春秋

2006・09・17

街のあちこちで見かける飲み物の自動販売機。いつも当たり前のようにあるから、当たり前のように利用するけれど、その飲み物を補充する人がいることを私は今まで考えたことがなかった。トラックで街を回り、一台一台飲み物を補充し、溜《た》まった小銭を回収する。そういう仕事があるのだ。

その仕事を今日で辞める先輩の水城さん（女性）と、明日になったら離婚届を提出しなければならない主人公の敦が組みになって暑い夏の日の街を回る。作業の合間に交わされる会話は敦の離婚についてだ。
遠慮なく、ずけずけと核心を衝いてくる水城さんの言葉は、慰めるでも、責めるでもなくとても心地が良い。沈黙の間の回想には駄目になって行く夫婦の時間がリアルに描かれている。離婚の原因なんて一言では決して言い表せない、そういう面倒臭さがいやというほど伝わってくる。離婚なんて二度としたくないなぁと、経験者の私は苦笑いをするしかない。

「飲み物を補充する人がいることを考えたことがなかった」と書いたら、「なんにも知らねえんだな」と言われて。知ってはいるけれども、気にしたことがなかったんです。

2001

空と海のであう場所

小手鞠るい

ポプラ社

2007・01・07

どこから話せばよいのだろう。この小説は、身近で起きた小さな恋の物語とも、とてつもなく壮大なラブストーリーとも受け止められる。

主人公、木の葉とアラシの恋は、出会いと別れを繰り返す。過去の回想、現在の時間、アラシの書く童話の世界。三つの時空をクルクル回りながら展開してゆくので、私の心もクルクルと様々な感情に支配される。

十三歳の時にある施設で出会ったふたりの淡い恋。自作の「お話」を木の葉に話し聞かせ、それは信じれば真実であり、信じなければ嘘っぱちになると、哲学的なことを言うアラシは魅力的な男の子だ。でも、彼の心には消すに消せない大きな傷がある。そんなアラシが最も大切にしているものは「自由と孤独」だという。

人にとって大切なものはそれぞれ違う。そんなこと分かっていても、恋愛の相手には自分と同じものを見て、同じものを大切に感じて欲しいなどと思ってしまう。それはいつか苛立《いらだ》ちとなる。どうして分かってくれないの？ と、相手に怒りを投げ付けて傷付け合った経験を持つ人は少なくないはずだ。ふたりもそうだった。大好きなのに、大好きだから、お互いを傷付け合い、別れてしまう。

ふたりが三十二歳になった時、アラシは、お互いの人生を投影するかのような童話「泥棒猫と遊牧民」を書き始める。それが、泣きたくなるほど素敵なお話だった。自由と孤独を愛す遊牧民が、人を信じられない泥棒猫と出会う物語。アラシは、その挿絵の書き手にイラストレーターになっていた木の葉を選ぶ。一章ごとに届く物語はアラシから木の葉へのメッセージでもあった。物語を書きながら、物語を読みながら、ふたりは本当に大切なものに気付くのだ。

産まれたばかりのピカピカのきれいな魂が、愛を知るまでの長い長い旅に付き合ったような気分で私はこの本を読み終えた。残念ながら、私自身のその旅はまだまだ終わりそうにない。

切ない、ヒリヒリする、痛い。この小説は、ちゃんとヒリヒリします。
人と向き合うことの強さと痛さが描かれています。

一瞬の風になれ

佐藤多佳子

講談社／1〜3

2001・01・14

運動が嫌いな私にとって、走る気持ち良さなんて無縁のものだった。でも、この本を読み終えたとき、知らないはずの走ることの気持ち良さが私の身体に感覚として残っていた。

主人公は高校生の神谷新二。中学までサッカー少年だった新二が、親友の天才スプリンター「連《れん》」の影響を受け、高校の陸上部に入部する。天性の身体能力と、努力によって短距離選手になってゆく姿を追う清々《すがすが》しいこの青春小説は、三冊にわたる長篇なのだが、決して長いとは感じさせない。陸上素人の新二の目線で書かれているため、初歩的な陸上知識が新二の心情と共に丁寧に伝わってくる。

最初のうちは、試合になると必ず腹痛を起こして何度もトイレに駆け込んでいた新二が心身共に成長してゆく姿には感動する。そして私の心に浮かび上がってくる少しの後悔。成長期に心から打ち込めるスポーツに出合っていたら、私の身体はもっと大きく、私の精神はもっと強く育ったのかもしれないなんて思ってしまった。友情、忍耐、責任、挫折、そして小さな恋心。新二の汗と涙の青春にはたくさんの想いが詰まっている。それはきっと将来の新二にとって大きな財産になるのだろう。

個人競技が多い陸上だが、四人で力を合わせて走る短距離リレーに一番熱い青春を感じた。バトンを待っている相手のために、これで死んでもかまわないくらいの勢いで走る。待っている方は前走者のその思いまでを受け取って、次走者のためにまた走る。アンカーを走る新二の目に映るもの、スタンドからの声援、風になる瞬間。頭の中が真っ白になって、自分の肉体の重みから解放され、ただただ走る。

自分以外の時間が止まる。そういう瞬間を演じているとき、歌っているとき、私も感じることがある。きっとあんな感じなのだろう。あの集中力。ゴールを目指す新二の身体の感覚が私のものになる。あー、走るって気持ち良い。


本屋大賞受賞作。学園・スポーツものは多いけれど、やっぱり泣いちゃいますよね。私自身は運動とか真面目にやったことがないので、何かが足りない気がしています。

均ちゃんの失踪

中島京子

講談社

2007・01・28

この本を読み終えたとき、胸がスカッとした。このスカッは決して男の人にはわかるまいと思ったら更にスカッとした。

均ちゃんという男が失踪《しっそう》中に空き巣に入られ、三人の女が関係者として警察に呼ばれる。元妻、彼女、パートタイム彼女。均ちゃんの失踪は常習的で、たいがい女が絡んでいる。この時点でこの男のダメっぷりは充分にわかる。ややこしいのは、ダメ男は悪い男とは違うということ。ダメ男というのは優しい男だったりする。均ちゃんはその名の通り誰にでも均しく優しい。〈それが均ちゃんの、かわいそなとこやね〉。元妻が言う。そしてこの男は最後にとってもかわいそうな目に遭う。ザマーミロ！
ダメ男が不在の数か月間に女達は自分を見つめ直し、新たなる生き方の答えを見つける。ひとりぼっちになったかわいそうな均ちゃんに、女の恋をなめんなよ！　と、私は四人目の女みたいに捨て台詞《ぜりふ》を吐いてみた。

――私の脳内キャスティングでは、主人公の均ちゃんは、勝手に竹野内豊。のちに、別の作品でダメ男を演じていて、やっぱり、ダメ男＝竹野内の正しさが証明されました！

夢を与える

綿矢りさ

河出書房新社

2007・02・11

芸能界の光と影を、夕子というヒロインを通してリアルに描いたこの小説は、私の背筋を少し寒くした。チャイルドモデルからCMの主役に抜擢《ばってき》され、人気者になってゆく夕子。忙しい日々の中、インタビューで自らが口にした「夢を与える」という言葉に違和感を覚える。〝与える〟なんて、高飛車で汚らしい言葉なのではないかと。

夢を与える。誰かが口にしたその言葉を私は何も考えずに受け入れてきた。自分だって使ったことがある。そもそも夢ってなんだろう？　突き詰めて考えたことがあるだろうかと、自分のことが怖くなった。
夕子の迷いはやがて残酷な現実を招き、夢や希望、笑顔すら失った少女の心には真っ暗な空洞だけが残る。表面的には豊かに感じられるこの時代、人々のエネルギーの大きな塊のような夢は生まれにくい。でも、その空洞に再び光が射すために、「夢を与える」人達はやっぱり必要なのだと私は思いたい。

――芸能界にいる者として、こういう結論を書きたかった。そういうことで、この本を選んだと思います。光が射すところでずっと頑張っている人もいるんだよ。

無銭優雅

山田詠美

幻冬舎

2007・02・25

生きるということを意識し始めたのはいつからだったか考えてみる。幼いときも、若者だったときも、毎日を充分に楽しんできたと思うけれど、生きているなんて言葉を意識したことはなかった。あの頃は逆に、生きるの反対側にある死という言葉に謎めいた力を感じて心を捉《とら》えられていた。とても恐ろしいことのように感じたり、儚《はかな》く美しいもののように思えたり。でも今は、その感覚が逆転しているように思う。

〈心中する前の日の心持ちで、これからつき合って行かないか?〉。四十二歳の男「栄」が、やはり四十二歳の女「慈雨」に言う。このセリフだけをとってみると、しっとりした大人の恋を想像するが、この二人の恋はそうでない。〈ほら、死の気配って恋愛、盛り上げるじゃん?〉などと言いながら、やっと出会った居心地の良い恋人との恋愛をめちゃくちゃ楽しんでいる。

四十代、死はそんなに近くはないけれど、ものすごく遠くもない。でも、人はいつか必ず死ぬということを自然に受け入れられる年頃なのかもしれない。私が四十歳になったとき、やっと人生の折り返しだね、と誰かに言われた。この世に生まれてヨーイドン！　と走り出して、四十歳で折り返してみたら、生まれる前の場所、死に向かって走っていることに気付く。折り返す前はどこに向かっているのかわからないから、流れる景色を楽しむ余裕もなく、ただただ走る。折り返して向かう先がわかったら安心して景色を楽しむことができる。その景色が生きるということなのかもしれない。〈死という代物に、私たちは今、世界で一番身勝手な価値を与えてる〉。慈雨と栄は、折り返し後の今この時に、出会ったことでその景色を二人で慈しむことができるのだ。同世代のせいか、この本には気持ち良く共感できる言葉がたくさんあった。そして、生きることを存分に楽しめる自信が今むくむくと心に湧《わ》いている。ビバ、四十代！　と叫びたいくらいだ。

——女性で、40代で独身だったりすると、どうしていいかわからないと思ってしまうけど、そのままでいいじゃん、と。

恋って苦しいんだよね

永沢光雄

リトルモア

2007・03・18

　この短篇集に出てくる中年の男たちを私は知っているような気がしてならなかった。新宿の飲み屋さんで居合わせたことがあったかもしれない。二十年前に雑誌の取材で会ったインタビュアーだったかもしれない。高校生の時に一回だけデートしたあの男の子かもしれない。錯覚だとわかっていても、私は自分の記憶の中から無理矢理にでも誰かを絞り出したい気分になった。

「この本ができたら僕はもう死にます」。永沢さんはこう最後の言葉を残し、昨年十一月に他界された。巻末で友人が〈永沢光雄の分身の主人公たち〉と書いているが、その分身たちはきっと今もどこかで生きている。少し面倒くさそうに、それでも欲望や願望に支配される自分を笑い、自分に泣きながら必死に生きている姿が私には見える。もしかしたら、私が絞り出したかったのは、記憶ではなくて、自分の中に抑えつけられている欲望や、願望だったのかもしれない。

——この人が生きていたことを残したいな、と思ったけど……。NHKの土曜ドラマとかでやったらいいのにね。相米（慎二）さんの映画で風俗嬢の役をする時に、永沢さんの『AV女優』などの著作を読みました。

オバハン流　旅のつくり方

吉永みち子

中央公論新社

2001・04・08

楽しむための努力というのが私には出来ない。基本的に出無精な私は、旅は便乗派、休日はゴロ寝派、食やお酒もこだわりなし。この本を読みながら、読者としてオバハン流の旅に便乗してみたが、旅を楽しむということは、生きることを楽しむということだ。その気合がお前には足りん！　と、自分自身に活を入れたくなった。

例えば、人間ドックに行かねばと思いながら十年間も放ったらかしにしている私。オバハン流は、一人じゃ怖いからと飲み仲間達と「人間ドックのための二泊三日桃源郷の旅」と銘打って山梨県の石和温泉の温泉病院ツアーを組む。何事もアイデアなのだと思う。楽しいことは向こうからやって来てはくれない。年齢的にはオバハンの入り口あたりに立っている私だが、真のオバハンを目指して、次の休みには箱根の温泉あたりに出掛けてみようかと思う。おいおい、その前に人間ドックに行け！　と、自分にツッコミ。

――40代に入って、「どうオバハンになっていこうか」と思っていたので、参考に読んだのかな。今、同世代で集まると、健康の話がほとんどね。

お月さん

桐江キミコ

小学館

2007・05・06

人を笑ってしまったことや、口にしてしまった言葉、怖くて逃げてしまったこと、守れなかった約束。そういう小さな後悔は、細くて鋭い棘《とげ》のように胸の中にいつまでも突き刺さっている。普段は痛くもなんともないけれど、何かの拍子に思い出した時、チクッと胸を刺してくる。

この本を読んでいる時、胸が何度もチクッとした。読み進んでいくうちに、私の胸に刺さっている棘が、自分の中の意地悪な気持ちや残酷さなのだと気がついた。十二篇の物語の登場人物はみんな、少し悲しくて、少し変わっていて、少し痛々しい。「お月さん」では、足のサイズが二十八センチもあるほど大柄なのに存在感の薄いOLの桜子さんが給湯室で泣いている。「クリームソーダ」では、洋裁店を営む青白い顔をしたマミーさんが、泣きながらジョキジョキと洋服を切り刻んでいる。「愛玉子ゼリー」では、散らかったアパートの部屋で人生を寝て過ごしている働かない里子さんが、殺してしまったトカゲの死骸を梅の木の下に埋めて手厚く葬っている。

この世の中では生き難《にく》そうな人達が、悲しくなるくらい儚く小さな夢を見ながら生きている。それでもいいから生きたいんだ！　という切実な思いが伝わってくるから、ぎゅっと抱きしめてあげたくなるほどみんな愛おしい。どこかでこの人達と出会ったら、きっと私は興味津々だ。彼らの人生に関わる事なんか出来ないくせに気まぐれに近づいて無性に優しくしたくなる。結局、私の胸の意地悪で残酷な棘は、そういう中途半端な優しさなのかもしれない。

この本を読み終えた時、いろんな人の顔を思い出した。ある日突然転校してしまった同級生や、東京での夢を叶えられずに田舎に戻ってしまった青春時代の遊び友達。楽しい思い出ばかりじゃないはずなのに、私の記憶の中では誰もが楽しそうに笑っている。そんな顔をたくさん思い出したら胸がほんわり温かくなって、自分が許されたような気になった。

ニューヨーク在住の方で、あまり知られていないけど、とても素敵な作品だから長い評でいきましょう、ということになったのを覚えています。

頭のうちどころが悪かった熊の話

安東みきえ
下和田サチヨ●絵
理論社

2007・05・13

表題が気になり、イラストに心を奪われ、この本を手に取った。ページを開いてみたら、七つの寓話と、たくさんの動物達が勢いよく飛び出してきた。頭のうちどころが悪かった熊は喪失した大切な記憶と最愛の人を取り戻し、キツネを食べてしまったトラは後悔して号泣し、ヘビの一家は家族の絆を確認し、ひねくれ者のカラスはないものねだりをし、おたまじゃくしはたったひとりの自分の世界の王様になり、立派な牡鹿《おじか》は意味という言葉の意味を考え、冬眠が出来ない不眠症の月の輪熊は三日月と戯れる。

子供の頃にこの物語を読んだら私は何を感じ、何を考えたのか知りたくなった。物語というのは経験によって読み取るものが変わる。俗世間の垢《あか》がずいぶん付いた私が読むと、動物達の中に人生に疲れた危うい大人達の姿がチラチラと浮かんでしまう。その中に自分自身の姿まで見つけてしまいドキッとさせられた。それは、誰かに叱られ、恥ずかしくて顔がみるみる真っ赤になるような懐かしい感覚だった。

大人になって、寂しいと感じるのは人に叱られなくなることかもしれない。出来が悪い子供だった私は、親や先生にうんざりするほど叱られていた。でも、そのお陰でいろんなことに気付かされたように思う。叱られながら守られていたのだと今になって感謝する。今でも時々誰かに叱られたいと思う。そんな時、私は本を読む。こんな風にこっそり何かに気付かせてくれる一冊にちゃんと出会えるからだ。

七つの寓話の動物達は、みんな誰かのことを思って生きている。その思いは、孤独の空しさを知った時に初めて大切に出来る事なのかもしれないと思った。この本はきっと本棚を選ばないだろう。子供部屋から立派な書斎まで、どこに収まっても、どんな人が手に取っても素敵な一冊になると私は思う。

—何冊も買っていろんな人のお誕生プレゼントにしました。

建てて、いい？

中島たい子

講談社

2007・06・10

〈四十までには、結婚しよ〉。三十五歳の独身ＯＬが、アパートの階段からゴミ袋を抱えた状態で転げ落ち、強打した左腕に激痛を覚えながら心に誓う。独身女性が独りでいることに嫌気が差すのはこういう瞬間だと思う。煙突から落ちて来たサンタクロースの様な状態の、ゴミ袋と自分。そういう間抜けな姿を客観的に捉えてしまった時、誰かに甘えたい！　と、きっと私も思うだろう。

合コンするが気が乗らず、建築家とお見合いするが恋にならず。でも、その出会いをきっかけに結婚相手探しは家を建てることに変化する。自分の落ち着く先、自分の居場所を得るためには、相手ではなく自分自身を確立しないとなにも始まらないと気付くのだ。
賃貸生活二十五周年の私は、家を買おうと思った事がまだない。今のところ、私の居場所は仕事場にあるということで満足しているからかもしれない。

——独身女として参考にしたんでしょうね。周りがどんどん家を買ったこともあって、土地を探してみたりしていたから、その時期に読んだのかな。

鹿男あをによし

万城目学

幻冬舎

2007・07・01

子供の頃、テレビやマンガに出てくるヒーローに憧《あこが》れた。いちいちかっこいいポーズを決めて変身しては、人類を危機から救ってくれる。地球は彼らに守られていた。私もいつかそんなヒーローになってみたいと思っていたけれど、そのための努力は何もせず、現在に至る。

『鹿男あをによし』の主人公は、大学の研究室で働く、ヒーローには程遠いタイプの男。〈きみは神経衰弱だから〉と、ある日教授から息抜きを兼ねて奈良の私立女子高の常勤講師の職を勧められる。渋々赴任した奈良で彼を待っていたのは意外な生きものだった。

奈良といえば鹿《しか》。そう、男を待っていたのは一匹の鹿だった。それが、ただの鹿じゃないのだ。喋《しゃべ》るし、ポッキー（チョコレートのお菓子）を食べるし、とんでもない使命を男に課す。喋る動物は鹿だけじゃない。京都の狐《きつね》、大阪の鼠《ねずみ》。動物たちは、千八百年前から続く人類にとって大切な儀式を成立させるために一人ずつ人間を選ぶ。なぜか主人公は初めて訪れた奈良でその一人に選ばれてしまう。変身も出来ないし、使命感もないくせに、人類を危機から救う役目を任された神経衰弱の男は人知れず謎の任務を遂行する。

読み始めたときには、突拍子もない話だと思っていた。でも、職員室で交わされる会話や、敵意剝《む》き出しの女子高生の行動など、細かくちりばめられたエピソードが千八百年前の謎にどんどん繫《つな》がり、物語のスケールは広がっているはずなのに逆に現実味を帯びていくのが楽しくて、この世界にのめり込んでしまった。

読み終えた今、古い都の遥かな時間に佇《たたず》む鹿に会ってみたいと心から願う。今後、奈良を訪れるとき、私はバッグの中に鹿の大好物ポッキーを忍ばせることを忘れないだろう。なぜなら、ポッキーを差し出しながら、私を選んでくれたら、いい仕事しますよ。と、売り込まなくてはならないからだ。

――単純に面白かったよね。新しいタイプの書き手さんだな、と。ちょっと関西っぽくて、東京では生まれないファンタジー感が楽しい。

おいしい庭

筒井ともみ

光文社

2007・07・22

私のマンションの部屋には小さな庭が付いている。そこが気に入って住んでいる。日当たりが良く、土も良いらしく、たいして世話をしてないのに植物たちは元気に花を咲かせてくれる。この庭の草むしりをしている時、私は自分の心の奥にひっそりと眠る少女心を手入れしているような気分になり、いつも少し泣きたくなる。

筒井さんは、そんな心の庭を手入れしながらカッコイイ大人の女になった人なのだと、このエッセイを読んで思った。私の庭は時々大人になりきれない気持ちの隠し場所になってしまう。だから泣きたくなる。でも、筒井さんのは違う。幼い日の記憶、美味しいもの、季節、天気、旅、感情。心が何かを捉えた分だけ、その庭は少しずつ大きくなってゆく。それがカッコイイ！

今や、世界中のどの場所に立っても、その目に写る景色は全て筒井さんの庭なのではないかと思う。私の庭も拡張工事を始めなくてはならない。

――筒井ともみさんとは交流があるのですが、「格好いい大人の女」。厳しいこともおっしゃるけど、心の中には少女がいる。私もこれでいいんだな、と思わせてもらえるのです。

2007・08・12

夏のコワ〜イ一冊

赤い蠟燭と人魚

小川未明

酒井駒子●絵

偕成社

出会いは小学校の図書室だった。本棚に古くてボロボロになった本を見つけた。「赤い蠟燭《ろうそく》と人魚」。ロウソクって漢字で書くとなんだかおどろおどろしいな、と思いながら読み始めた。そこまでの記憶はいやに鮮明なのに、私は物語の内容を全く憶えていなかった。

つい最近、再び出会った「赤い蠟燭と人魚」は大好きな絵本作家、酒井駒子さんの装画だった。我が子を想う人魚の願い、幼い人魚の孤独、人間達の欲や差別、そして海の怒り。夜の、暗くて深い海の底に引きずり込まれるような怖さを感じる悲しい物語だった。小学生だった私には、この悲しみを受け止めることが出来なかったから、今まで心の底に封印していたのかもしれない。

――子どもの頃には、ただ「怖い」と思って読みました。今は、酒井駒子さんのすごく素敵な装画で出ています。読み返してみると、大人っぽいお話だったんですね。

川の光

松浦寿輝

中央公論新社

2007・08・19

この物語は、川辺に住むネズミの一家が、人間の手による河川工事のために住み慣れた地を追われ、新たな住処《すみか》を求めて旅をする大冒険譚《たん》。夏休みの子供にもぴったりだが、大人には大人の深い読み方が出来る素敵な本だと思う。

夏の終わりの夕暮れ、西日を浴びてキラキラ光る川面、植物の匂い、虫たちの声。プロローグで作者は、気持ちの良い風景の描写で丁寧に私を物語の入り口へと導いてくれる。〈もしあなたがまったく足音を立てずに歩けるのであれば、土手の急坂から川原に下りて、水ぎわの近くまで行ってみるといいと思う〉。実際の私は音を立てずに歩くことは無理だけど、本を読んでいる私の頭の中ではそれが出来てしまう。私は、こういう時に読書の幸せを感じる。

ネズミの一家は、幼い兄弟のタータとチッチとお父さんの三匹家族。三匹の旅には様々な困難が押し寄せる。凶暴なドブネズミ帝国軍の嫌がらせや、狡猾《こうかつ》なイタチの攻撃など、危機一髪という場面が何度もあって、その度に私は物語の中に飛び込み、救いの手を差し伸べたくてウズウズした。ウズウズが頂点に達した頃、三匹を助けてくれる動物達が次々に現れる。犬、猫、雀、モグラ。彼らとの出会いはタータに大きな影響を及ぼす。特に、帝国に反抗する孤独なドブネズミの戦士グレンの言葉には、タータはもちろん、読んでいる私も心を動かされた。誰も一人では生きてゆけない。でも、孤独の寂しさも知らなければ本当に大切なことは見えてこない。グレンの言葉はそんな風に聞こえた。

　この本を読み終えた今、私は生きるということを考えている。自分の場所を見つけて生き抜き、誇り高く死んでゆけたらいい。そこに向かう毎日の中で、自然、文明、自分、他人、生きている物の全て、この世のあらゆることをみんな同じように大切に感じることが出来るようになりたい。だから、精いっぱい今を、一瞬を、ちゃんと感じて生きていたいと思った。

――読んでいる時間が楽しかった。きちんとしたアニメ映画になったら、いいんじゃないかな。世界共通に感じられることだと思うから。

がらくた

江國香織

新潮社

2007・09・02

自分が自分であることを確かめられるものはなんにもないのかもしれない。そんなことを考えて少し不安になった。自分の身体に思い切り鼻を押し付けて、その匂いを嗅《か》いで確かめてみたくなるような小説だった。

世代の違う三人の女達が海外のリゾートホテルで出会う。四十五歳の柊子、その母親で七十四歳の桐子さん、そして十五歳の美海。柊子は毎朝海辺で見掛ける美海に興味を抱く。その理由を桐子さんはこう分析する。〈子供と大人の中間で、あんたが失ったものと手に入れたものを両方持っていて。いましかないっていう種類の生命力があるから〉。その一過性の輝きは、過ぎてしまった者にとって、すごく眩《まぶ》しい光なのだろう。私は柊子と同じように、美海がヘッドホンで聞いている音楽がなんなのか知りたくなったし、彼女が口にしたピーター・スピアという作家の本を読んでみたくなった。彼女のことを知ることで、失ってしまったなにかを取り戻せるような気がしてしまう。

瞬間は瞬間でしかなく、過ぎてしまうことの残酷さを知ってしまった大人の女達は、なんとかその瞬間を閉じ込めようとする。愛する夫を独占出来ず、でもその夫に自ら拘束されてしまう柊子は、果物が腐る前にきれいな色のジャムにして瓶に閉じ込める。桐子さんは亡き夫と暮らした豪邸で使っていた調度品を狭いマンションの部屋に閉じ込める。感情も記憶も瞬間もそんな風に心の中にたくさん閉じ込められている。自分にとって大切な思い出でも、他人の目にはなんの価値もない「がらくた」のように映ることもあるだろう。だけど、それこそが自分が自分であることを確かめられる唯一のものなのかもしれない、と私は思った。

瑞々《みずみず》しい年頃の美海も、これから「がらくた」を拾い集めて生きて行くのだろう。そして何年か後には、また別の魅力を身に付けているのだろう。それはそれで見てみたい気がした。

――女性が奔放だったりするけど自然で、フランス映画の世界みたい。部屋の調度品とか、そこにあるものが美しくて、ひとつひとつ、見たくなる。

猫鳴り

沼田まほかる

双葉社

2007・11・04

人間の心の中の暗闇を灯《あか》りも持たず手探りで歩かされているようで、なんだか少しビクビクしながら読み始めた本だった。

やっと授かった子供を流産してしまった四十歳の主婦は、空っぽになってしまったお腹の中に小さな秘密を隠している。父親と二人暮らしの不登校の少年は、自分の心に潜むブラックホールから湧《わ》き出る衝動を怖れている。妻に先立たれた孤独な老人は、愛猫の最期を看取りながら自分にも必ず訪れる死の準備をしている。三つの物語を貫くのは一匹の猫「モン」の存在だ。
「モン」には、暗闇も日溜《だ》まりも関係ない。ただ生まれ、生き、死んでいく。その自然な命の姿は人間が忘れかけた何かを知っているように見える。猫は人間を救ってくれはしない。ただ、暗闇に光る猫の目が行き先を示してくれるかもしれない。希望の光は暗闇を知ってこそ、見えてくるのだろう。そう思いながら、穏やかな気分で私はこの本を閉じた。

――なんで沼田さんはこんなに怖いんでしょうね。ビクビクしながら読み始めて、ずーっといやな予感、不穏な予感だけが続いて。でも、また読みたくなるんです。

2008

二つの月の記憶

岸田今日子

講談社

2008・03・23

私達は別れる時に、いつも「またね」と言って軽く抱きしめ合った。それは二人の儀式のようだった。私は華奢《きゃしゃ》な岸田さんの身体を抱きしめる度に胸が少し切なくなって、壊れるくらいにギュッと抱きしめたかった。最後に会った時もやっぱり「またね」と私達は別れた。

この本を見つけた時にクスッと笑いたくなったのは、悪戯《いたずら》っぽく微笑みながら私の目の前にひょいと現れて「キョンキョン、元気?」と、あの日の「またね」の約束をちゃんと守ってくれたような気がしたからだ。静かな優しさと、少女のような悪戯っぽさを持つ可愛らしい人だった。でも、女優として舞台に立つと一変、狂気や妖艶《ようえん》さを軽々と纏《まと》い、圧倒的な存在感を放つ大先輩だった。舞台で共演した事がある私は、そんな鬼気迫る岸田今日子ワールドに引き込まれ何度も息を呑《の》んだ。『二つの月の記憶』に収められている七篇の短い物語もまた、圧倒的な岸田今日子ワールドだった。ラブとエロスの狂おしい妄想の世界。けれど、静かな空白と可愛らしいユーモアが混じっている。この本を読みながら、私は岸田今日子ワールドに潜入してみようと試みた。女優として自分の役を探すのだ。「オートバイ」の非行少女、「二つの月の記憶」のお母さんの少女時代、「K村やすらぎの里」の看護婦さん、「P夫人の冒険」のおかみさん、「赤い帽子」のワインを届ける娘、「逆光の中の樹」の短大生。演出家さえ許してくれれば六篇の物語にはなんとか潜り込めるような気がした。

でも、最後の一篇「引き裂かれて」だけは無理だった。岸田さん自身のエッセイ風に始まるこの物語の中で岸田さんは恋をしているのだ。どこまで本当でどこから嘘か分からないこの物語を読んでいる時、岸田さんが私に誰にも秘密の内緒話を打ち明けてくれているように感じてしまった。秘密は絶対に守ります。「岸田さん、またね」と、私はこの本を抱きしめた。

――岸田さんが亡くなったあとに出た本。最後にもう一回会ってお喋りを聞いているような気がして嬉しかった。

健康の味

南伸坊

白水社

2008・03・30

健康の味と題されているが、六十歳の著者が不健康の味を味見しているような日々を綴ったエッセイだ。腱鞘炎《けんしょうえん》、高尿酸血症、喘息《ぜんそく》、肺がんの疑い。次々と不健康な味に襲われる。ご本人にとっては深刻な時間だったのかもしれないけれど、読んでいる私の心はとっても楽しくなった。

笑いは免疫力を高めるからと、落語のテープを聞くのだが笑えなかったり、一日二リットルの水を飲むのが身体に良いと聞けば、アラビアの砂漠を横断している自分をイメージしながら無理して飲もうとしたり。そういう姿を想像すると、子供みたいに可愛くてクスッと笑えてしまう。
健康の味は、損なわれた時にはじめて味わえる、と著者は言う。まだ私はそれを味わっていない。でもいつか、その味を知った時にこの本は力強い味方になってくれる。だって笑いは免疫力を高めるのだから。その時が来ることを、待ち遠しいとは思わないけれど。

——年齢的に、40歳を超えると、選ぶ本が変わってきていますね。その時は気付いていないけれど、日頃思っていることが、本のチョイスに表れてる。

かもめの日

黒川創

新潮社

2008・05・11

物語は、宇宙から早朝の東京の街を見下ろすように始まる。本を読んでいるというより、何台ものカメラが同時にそれぞれの人物をとらえていて、誰かがスイッチを押して切り替えられた衛星放送の映像をモニターで眺めているような不思議な感覚がした。衛星放送のおかげで私達は世界のどこかで今起こっている出来事をすぐに見ることが出来る。それに慣れてしまっているからか、肉眼よりも少しクールなモニターを通したこの物語が、よりリアルに感じられる。

身体の大きな青年がベンチで眠り込んでいる。地上十三十五階のFMラジオ局で働く若者が窓の外を眺めている。中年の男がスポーツジムでランニングをしている。ショートカットの少女がバスに揺られながらレイ・ブラッドベリの文庫本を読んでいる。

作家の男がちっぽけな借家の二階のベッドの中で、突然死んでしまった妻を思い出している。誰もが孤独を感じながら。

なんの関係性もなさそうな登場人物達が、実は微《かす》かな絆で繫《つな》がっていることを知るのは俯瞰《ふかん》映像で彼らを見ている読者だけである。物語はどんどん繫がってある方向に集約されてゆくのに、彼らは最後までそれに気付かない。

宇宙の中のとっても小さな地球の上で、私がとらえることが出来る世界は、彼らと同じように自分の目に見えるもの、自分の心が感じるものだけだ。誰かと繫がっていると感じることも、孤独を感じることも、空中で繫がっている微かな絆が見えたり見えなくなったりしているだけなのかもしれない。

立ち止まっていた場所から一歩前へ進む登場人物達だが、彼らの孤独はきっと解消されない。それでいいのだと思う。私も今、少しだけ孤独を感じている。でも、その孤独は慣れ親しんだ、すごく当たり前のもののような気もするのだ。宇宙の中をぐるぐると回っているカメラは私の毎日も映し出しているのだろうか？　誰かが見ているのだろうか？

——読売文学賞受賞作。この書評を読んで、いろいろな人から心配されましたが、孤独が「前提」なところが好きでした。いい小説でした。

変愛小説集

岸本佐知子●編訳

講談社

2008・07・06

恋愛小説集なのだと思ってなにげなく手に取った。よく見たら変愛だったので少し笑ってしまった。でもその瞬間、この本のページを開くことが一気に楽しみになった。

翻訳家、岸本佐知子さんに選ばれ、訳された十一篇の変愛物語は、現代英米文学の作家たちが書いたものである。皮膚が宇宙服化し、最後には宇宙に飛び立ってしまうという恐ろしい病が蔓延《まんえん》するなか、愛する妻の宇宙服化を見守る夫の話。大好きな彼女から貰った手編みのセーターを着ようとして、頭が抜けなくなってセーターの〝世界〟から出られなくなってしまう男の話。若いボーイフレンドをまる呑みして、自分の身体の中で胎児のように育てる主婦の話。妹のバービー人形と恋をする男の子の性の話。どれをとっても確かに変で、残酷さや軽い狂気のようなものも感じるけれど、人が人を想う切実さや純粋な気持ちもまた確かなのだ。

私が一番好きだったのは、この本の最初に収められている「五月」という物語だった。近所の家の庭の木に恋をしてしまう女性の話なのだが、彼女が木に恋した瞬間や、焦がれてゆく過程の心情がとても美しい言葉で書かれていて、私までうっとりと、その木のことを想ってしまう。春のやわらかい光を浴びた若葉の色、それが朝露に輝く瞬間、そしてその匂いを想像すると、私にも木に恋をしてしまう可能性があるような気がした。実際にそういうきれいな風景に見とれてしまうことはあるのだから。

恋をしているときはきっと誰だって変なのだと思う。それまでの日常とは完全に世界が変わってしまうのが恋というものだ。他人から見たらバカらしい囁《ささや》きも、恥ずかしい行動も、恋する二人にとってはすごく切実で純粋な想いなのだ。

明日から、近所を歩くときに人の家の庭を覗いては私の木を探してしまいそうで怖い。私はすっかり変愛に侵されてしまったようだ。


——私が好きだった「五月」という作品が、このあとにリリースした曲、「samida-rain」と世界観が似ていて。この本を、曲を作ってくれた人にプレゼントしました。

百鬼夜行抄

今市子

ソノラマコミック文庫／1～10

夏といえば怪談。でも私は怪談が子供の頃から苦手である。大人になってもやっぱり怖い。

この漫画の主人公は「妖魔」を見る力を持つ高校生の男の子。辛く悲しいエピソードを抱えた妖魔達が彼の前に次から次へと現れる。背筋が凍るような怖さも感じるのだが、読後感はなぜかファンタジーのよう。少女漫画風の美しい作画と、サブキャラクター達のユーモアと、人間の世界と妖魔の世界を同じものと捉《とら》える作者の優しい視点があるからなのだろう。怪談嫌いな私なのに、いつのまにか妖魔たちの抱える悲しみに感情移入してしまうのだ。

――川上弘美さんに「私も読んでる。私も好き!」と言われました。好きな人や憧れている人と同じものが好きだと知ったときって嬉しいですね。

ラン

森絵都

理論社

2008・08・24

もう二度と会うことが出来ない人達、亡くしてしまった人達に会いたいと願う。薄暗い舞台袖で緊張しながら出番を待つとき、私はいつもあの世の人達との交信を試みる。暗い天井を見上げて「今日も、私はここで生きています。ちゃんと見ていてね」。もちろん返事はないけれど、あの世の人達が微笑んでいる顔が頭の中に次々と浮かんで頼もしい気持ちで舞台に上がる。

十三歳で家族全員を事故で失い、その後の面倒を見てくれた叔母も失った二十二歳の主人公、環《たまき》は、私の何倍も何百倍もあの世の人たちに会いたいと願うだろう。この世に一人取り残されたことを恨んだりもするだろう。この世に生きる喜びや、この世の人たちと繋《つな》がり合って生きることを望まぬ環の日々を思うと胸が苦しくなった。

引っ越したばかりの街で出会った自転車屋の紺野さんと環はどこか似ていた。紺野さんもやはり愛する妻と息子を失い悲しみの中に生きている。紺野さんが息子のために特別に作り上げた自転車、モナミ一号を譲り受けた環は、ある夜それに乗って走っていると普通の人には見えないレーン（冥界《めいかい》と下界を結ぶ連絡通路）を越えてあの世に辿《たど》り着いてしまう。家族や叔母との再会に喜んだけれど、この話はそれだけでは終わらない。ここからが長い道程なのだ。

生者のレーン越えには条件がある。日没後、四十キロもある通路を立ち止まらずに走って渡ること。そして日付が変わるまでに下界に戻ること。環はある事情から、自分を冥界に運ぶ力を持つモナミ一号を手放すことを決め、自力で四十キロを走り抜くためにマラソンの練習を始める。そこで一見風変わりなマラソンチームの人達と出会い、あの世を目指していたはずが、この世と繋がることの大切さにも気付いていく。

私を育ててくれた父親や、演出家や、映画監督はあの世で今でも私の心配をしているだろうか？　死んでまで心配させるのは気の毒だと思いながら、私は今日もあの世との交信を試みる。

――最近は、舞台袖での交信はしなくなりました。向こうに行った人が増えすぎちゃったのかもしれないですけど。

アカペラ

山本文緒

新潮社

2008・09・28

撮影現場で、ヘアメイクのアシスタントをしている若い女の子に、何気なく「何年生まれ？」と尋ねたら「平成元年です」と、答えが返ってきた。年号が平成に変わったのなんか、私達にとっては昨日のことのようだが、その時に生まれた子供達がそろそろ社会に出て働く年になっているのだと驚いた。平成元年には若者だった私も、気付けば立派な中年世代になっている。

三篇の小説が収められた山本文緒さんの六年ぶりの新作は、三作品共通してダメな中年世代と、十代の少女の存在がある。

「アカペラ」には、少し無責任な母親と、ユーモアたっぷりの祖父と三人で暮らす十五歳の少女「タマコ」の、純情だけれど少し変わった恋心が。「ソリチュード」は若い頃に家出をしたダメ男が二十年ぶりに実家に帰省し、昔の恋人の娘、小学六年生の「一花」との交流に複雑な思いを抱きながら、過去を振り返り、少しの希望を見いだす数日間が。「ネロリ」には、三十九歳無職の病弱な弟と二人で暮らす五十代独身女性のひっそりとした日々の中に現れ、病弱な弟の恋人のような存在になる十九歳の専門学校生「ココア」と彼らとの、深い絆が描かれている。

この本を読んで私は胸が熱くなった。社会の中でようやく現役感を感じる私達中年世代も、実はまだまだ不安を抱えて生きていて、上から叱られたり、下から突き上げられたりすることを心のどこかで期待しているのだ。圧倒的なエネルギーにやり込められたいような気持ちが何故《なぜ》だかある。この三篇に出てくる少女達は、邪気のないエネルギーでダメな中年達を突き上げる。邪気がないから、残酷だけれど優しいし、壊れそうだけれど逞《たくま》しい。彼女達の存在がなんだか私には有り難くて感謝したくなった。

自分を守るために、明日に期待し過ぎないように生きる中年世代にとって、明日を夢見る若さの輝きは眩《まぶ》しいけれど、大人として、その夢を守るという目標を持てるような気がするのだ。

自分より若い世代の人たちに突き上げられるのが好き。私がいる現場は、30歳下も当たり前。「踏み越えていきな！」という願望があります。そうやって、私たちの仕事が繋がっていけばいいな、と。

2009

悼む人

天童荒太

文藝春秋

2009・01・11

きっかけは友人の死だった。近くにいながら救えなかったという心の傷が主人公、「静人《しずと》」の旅の始まりだった。新聞やラジオのニュースで得た情報をもとに、全国の事故現場、事件現場を歩いてまわっては、見ず知らずの死者を悼む。

故人が誰に愛され、誰を愛し、どんな感謝をされたか。遺族や近しい人達に尋ねながら、一人一人の生きた証しをそっと胸に刻み、決してそのことを忘れないと誓う。その悼みは自らの心の傷を癒やすためではなく、かといって他に目的があるようにも思えない。そんな静人の旅を理解する人は少ない。遺族に不審がられ、偽善的だと罵《のの》られ、怪しい信仰だと誤解されてしまう。読者の私も、同じ思いで静人の行動に不審や戸惑いを感じながらこの本を読み進める。

末期がんに侵され、すぐ近くに迫っている死の予感と向き合いながら、息子の旅に理解を示そうとする母親の「巡子《じゅんこ》」。旅の途中で偶然出会った記者の「蒔野《まきの》」は静人の化けの皮を剝《は》ごうとする。夫を殺した罪で刑務所から出所したばかりの「倖世《ゆきよ》」は行き場もなく、静人の旅に同行する。それぞれの立場から見つめた静人への思いを繋《つな》ぎ合わせることで私達読者の心は少しずつ開いてゆく。

生と死、そして愛という言葉。簡単なようで言葉にするのは難しいテーマだと思う。大袈裟《おおげさ》に捉えすぎても、軽んじてもいけない言葉なのだと思うが、著者は丁寧に慎重に言葉を積み重ね、静かにゆっくりと私達を導いてくれる。

静人の行動は彼にとってどんな意味があるのか。意味など最初からないのかもしれない。でも、愛なんて信じていなかった蒔野の流した涙や、愛への執着から解放された倖世の旅立ちにはとても大きな意味があるのだ。

静人の旅の真意は、読者としてこの旅に同行した私達の心の中に芽生えるものなのかもしれない。それは人によって違うものなのかもしれないけれど、きっとすごく大切なものだと思う。

――直木賞受賞作。すごい小説でした。作者が慎重に慎重に導こうとなさった。主人公の胡散臭さが、読み進むうちにはがされていきました。

ロードムービー

辻村深月

講談社

2009・01・25

心の中にはたくさんの思いがあるのに、それを表現する手段をまだ知らなくて、もどかしかった子供時代を思い出しながら読んだ。

「ロードムービー」「道の先」「雪の降る道」の三篇にはそんなもどかしさが詰まっていた。大人の事情に振り回されている子供達が、日の暮れた街の中で途方に暮れて泣いている。上手く言葉に出来なくても、相応の振る舞いが出来なくても、子供だって大人と同じようなことを感じて生きている。まだ不器用で、まだ無力なだけだ。幼いが故にその思いは大人よりも切実で、だから読んでいて胸が苦しくなった。
　三篇とも物語の最後にサプライズがある。特に「ロードムービー」のオチには「えっ?」と、思わず声にしてしまうほど驚いた。でも、そのサプライズは後から心にじんわりと効いて、ほかほかと温かくて嬉しい気持ちにしてくれるので、どうぞ、お楽しみに。

――日が暮れる時間の不安感……。でも、大人になったら、なんとも思わないんですよね。

枝付き干し葡萄とワイングラス

椰月美智子

講談社

2009・02・01

アカの他人同士がたった紙切れ一枚で夫婦になる。そしてまた紙切れ一枚で離婚する。とても簡単なことである。でも、それだけでは長い月日を共に生きられない。夫婦っていったいなんなのだろう？　それがわかっていたら私も二枚の紙切れに判子を押すことはなかったのだろう。

十篇の短篇には、はぁー、と溜《た》め息をつきたくなるような夫婦の時間が描かれている。「まあ、いろいろかな」という理由で夫に離婚をせまられる妻。「私とその女とどっちが好きなのよ」。浮気相手の妊娠を告白された妻の問いかけに「わからないんだ」と答える夫。夫婦の会話の合間に流れる静寂の怖さを知っている人はきっと苦い気持ちを思い出す。

もちろん、結婚は悪いことばかりじゃない。風邪で寝込んでいるときに洗濯をしてくれる夫の話や、なんとなく真夜中に海へドライブする夫婦の話に、独身の私は別の溜め息もついたりする。

——夫婦の苦さ。夫婦を体験しないとわからない、なんとも言えない時間が、全部の話に流れていた気がします。

宵山万華鏡

森見登美彦

集英社

2009・08・09

子供の頃、母親に着せてもらった浴衣を着て近所のお寺で開催される盆踊り大会に行くのが夏休みの楽しみだった。履き慣れない下駄をカランカラン鳴らしながら友達と走り回って遊んでいた。出店で綿菓子を買ったり、踊りの輪に混じって炭坑節を踊ったり、お墓に行って肝試しをしたりした。散々遊んだ帰り道、櫓《やぐら》や出店の灯《あか》りが途切れて急に真っ暗な道を歩いていることに気付いたとき暗闇に吸い込まれてしまうような恐怖を感じ、下駄のカランカランの音をさらに大きく鳴らしながら全速力で家まで帰った思い出がある。

宵山というのは京都の祇園祭の前夜祭のことをいうのだそうだ。『宵山万華鏡』は、提灯《ちょうちん》のぼんやりとした怪しい灯りの下で不思議な世界に迷い込んでしまう人達の短篇集。バレエのレッスンの帰りに宵山に紛れ込んで不思議な少女達に出会う幼い姉妹。変な金魚を育てていた学生時代の友人と祭りの夜を過ごす男。何かを企《たくら》み、ひたすら働く大学生達。幼い頃、宵山の夜に行方不明になった従妹《いとこ》がいる若い女性。行方不明の娘を思って宵山の夜を繰り返し体験する年老いた父親。画廊の店主もまた先代の遺品の水晶玉のせいで宵山の迷宮から逃れられなくなっている。六篇の話には全て小さな接点があり、それを見つけながら読むのも楽しかった。

盆踊りから全速力で家に帰り、玄関で下駄を脱いで板張りの廊下を歩き始めると、床がグニャグニャと軟らかいものに感じられて不思議だった。まるで異次元から現実に戻る間の歪《ゆが》みの中を歩いているようだった。夏祭りの夜にはそういう幻想が自然と生まれるのだと思う。大人になって、人混みが苦手になり、夏祭りなんて久しく行っていないけれど、この本を読んでいる間、少し懐かしいような幻想的体験を登場人物達と一緒に味わえた。ベッドの中でこの本を読みながら途中で眠りに落ちてしまうと、夢の中でまた、幻想の続きが始まった。

万城目（学）さんと同じく、「西」の方の不思議な世界を、本当にありそうに感じる関東の人間です。京都の小さな神社に迷い込んだら、この小説の世界が広がっていると思っているフシがあります、私。

パーマネント野ばら

西原理恵子

新潮文庫

2009・08・16

夏にぴったりの「アツい本」

「パーマネント野ばら」は、ある漁港の町の美容院の名前。そこは町の女達のたまり場である。女達が下品で、嘘《うそ》つきで、凶暴で、切なく悲しいのは、誰かを激しく愛しているからだ。

どんなに男に裏切られても、泣いて酔っぱらって寝て、また朝が来たら愛することを信じている。それは朝露のように美しいものなのかもしれないと思って私は泣いた。それほどの情熱を持って人を愛したことがあっただろうか、格好ばかり気にして恋をしてきたのではないか、と自問したくなった。港町の女達にアッツイ恋心を学んでラストスパートしたい気分になった。

――サイバラさんの漫画に出てくる女達が大好きです。出身地、高知のアッツい女達に憧れるけれど、ほど遠い。ヤワに育ったのだなと思います。

昭和二十年夏、僕は兵士だった

梯久美子

角川書店

2009・08・23

私は昭和四十一年にこの世に生まれた。今にして思えば戦争が終わってたった二十一年しか経《た》っていなかった。両親とも子供時代に戦争体験をしており、食べ物がなくて栄養失調になったとか、長野に疎開していたとか、そんな話を聞かされて育った。それでも私が見てきた昭和はとても豊かだった。その豊かさを当たり前と感じ、さして感謝も出来ないまま生きてきてしまった。

金子兜太《とうた》（俳人）、大塚初重（考古学者）、三國連太郎（俳優）、水木しげる（漫画家）、池田武邦（建築家）。戦後それぞれの分野で活躍を続けてきた五人の戦争体験を著者は丁寧に聞き出してゆく。当時二十歳前後だった彼らが戦争で何を見たのか、その後の人生をどう過ごしてきたのか、その告白をたった一人で受け止める心構えはきっと私にはまだない。

死が日常にあった。補給を断たれ、武器も食料もないトラック島で飢え死にする。毎日のように穴を掘って遺体を埋める。捕った魚を一匹でも多く持ち帰るために口にもくわえたが、結局のどにつまらせ死ぬ。川ではワニに襲われる。兵士と言っても青春真っ盛りの若者なのだ。死に際に「おかあさん」と呟《つぶや》くほどまだまだ未熟な若者だったのだ。私が彼らの年齢だった頃、日本はバブルの真っ只中《ただなか》で、浮かれた若者たちが夜な夜な六本木のディスコで踊っていた。

仲間たちの死を心に抱えてこの人たちは長い時間を生きてきた。大正時代に生まれ、昭和を丸ごと体験し、平成もすでに二十一年。けれど彼らの回想は鮮明で、昨日のことのように詳細に語る。金子氏は戦後の自分の人生を「残生」と呼ぶ。死ななかった自分の人生を残りの命だと感じ、前向きに生きることが死者に報いることだと話す。戦争を体験した人の多くが、仲間の死を無駄にしないように、時が流れても忘れ去られてしまわないように、戦争で見た全《すべ》てを自分の一部として生きてきたのだろう。忘れないということが、静かな怒りのように私には思えた。

——のちに、女性版も出ました。戦争体験者の方がどんどん亡くなっていって、世代的に、ギリギリ間に合った感じがします。

アミダサマ

沼田まほかる

新潮社

2009・09・06

お客さんが誰も座っていない劇場で本番通りのリハーサルが行われる。私達の用語では「ゲネプロ」と呼ばれているが、私が一番緊張し、恐怖を感じる瞬間である。誰もいない客席は深い闇で、私達が発した声やセリフはその闇に吸い込まれてゆく。何かの拍子に闇に歪みが生まれて、届いてはいけない何処《どこ》かに私達の声が届いてしまうのではないか？　と、本番を間近に控えた緊張状態の中で恐ろしい妄想が生まれたりする。

廃車置場に放置された白い冷蔵庫の中に裸で閉じ込められた幼い少女「ミハル」は、真っ暗な闇の中で「声」ではなく、音にならない特殊な「コエ」で二人の男を呼び寄せる。近くの寺の住職「浄鑑」と、若い会社員「悠人」。二人はミハルを暗闇から救い出し、浄鑑とその母がミハルを引き取り育て始める。

ミハルはどこまでも無垢《むく》で不思議な魅力を持つ少女だった。だが数年後、その存在が小さな町の世界を歪めてゆく。可愛がっていた飼い猫クマの死を悲しむミハルの心の叫びによって、何かがずれだし、町の人々の心が少しずつ歪んでいく。

これはホラー小説なのか？　怨念も心霊も超常現象も出てこないのに、本を読み始めてからずっと恐怖に付きまとわれている。でも、自分が何に怯えているのかよく分からない。恐怖の実態がつかめないまま私は物語の闇の中に引き込まれてゆく。

人は普段、自分の心の中にある善と悪の感情を無意識にコントロールしながら生きている。その両方を心の中に持っていないと善悪の判断も出来ない。ミハルのあまりに無垢で穢《けが》れを知らない心の叫びは、人の世の摂理まで乱してしまう。

大人の私は、穢れというものをもう充分に知ってしまっている。だからこの本を読みながら哀しくなったり、怖くなったりしたのだと思う。底知れない無垢な心が悪に変わってしまう瞬間、それがこの世で一番怖いことなのかもしれないと思った。


恐る恐る、でもなぜか見たくなってしまう。簡単な感情じゃない、深い底のほうにある何かを考えたいのかも。人間の「中」にあるもの、見たいような、見たくないような。

2010

ロスト・トレイン

中村弦

新潮社

2010・01・17

鉄道に興味を抱いたことがない私は、このタイトル通り、「失われた鉄道」を巡って鉄道マニア達が翻弄《ほんろう》されるだけの物語であったら、心から楽しむことができなかっただろう。冒頭の、廃墟《はいきょ》や廃線跡を見て回るのが趣味という二十五歳の牧村と、六十二歳の鉄道マニア平間が熱く鉄道への思いを語り合う姿にはやはり共感ができなかった。だから途中までは、ページをめくる手の動きが各停電車のようにゆっくりだった。

でも、四十ページを越えた所、平間が突然謎の失踪《しっそう》をしたあたりから一気にページをめくるスピードが上がった。まるで特急に乗り換えたような加速度で私を最後まで飽きさせることなく、物語の結末まで連れて行ってくれた。

〈日本のどこかにまだ誰にも知られていない、まぼろしの廃線跡がある。それを見つ

けて始発駅から終着駅までたどれば、ある奇跡が起こる〉
一部の廃線マニアに伝わる密《ひそ》かな噂《うわさ》が平間の失踪に関わっていると感じた牧村は、平間から紹介された旅行代理店に勤める菜月という女性と平間を捜し始める。ここからはもうミステリーだ。部屋に残された年賀状、本、メモ、ネットのコミュニティーサイトの書き込み。微かなキーワードを頼りに二人はなんとか幻の廃線跡に辿り着く。深い森と化した廃線跡を始発駅から歩き始めると、今度はファンタジーの世界が始まる。二人は森の中で美しくも恐ろしい不思議な体験をする。そして、二人の間に芽生えた淡い恋心。二人はどうなるのか？　平間には会えるのか？　この先は読んで頂くしかない。
鉄道は、決められたレールの上を時間通りに生真面目に走る。鉄道に魅せられる人々はその生真面目さに自分を重ねるのだろうか。だからこそ、この物語の登場人物達のように、現実の世界ではない、どこか別の自由な場所に運んでくれるのかもしれないと、夢をみるのだろうか。この本を読んで、少し鉄道に魅せられる人々の気持ちがわかったような気がした。

——私自身は、生き方自体が「車」っぽいんです。行き先がわかっている線路に乗っていると、降りたくなってしまう。

四十九日のレシピ

伊吹有喜

ポプラ社

2010・03・07

四十歳を過ぎた私の人生の中で、やり残したことがあるとしたら自分の子供を持つことだ。時間に限りがあることだから、ある年齢を過ぎた女性なら一度は真剣に考えたことがあると思う。家族の再生を描いた心優しいこの物語を読んで、私はそんな思いから少しだけ解放された。

後妻に入った熱田家で、夫の良平と幼かった継子の百合子に愛情を捧《ささ》げた乙美が、七十一歳で急逝した。突然の妻の死に失意のどん底にいた良平と、自身の離婚問題を抱え疲れ果てた様子で里帰りしてきた百合子の前に、井本と名乗る派手なメイクのギャルが現れる。生前の乙美に世話になり、自分が死んだら四十九日が過ぎるまで熱田家の手伝いをして欲しいと乙美から頼まれたという。困惑しながらも井本のペースに巻き込まれ、少しずつ元気を取り戻してゆく二人。心優しいブラジル人青年など、魅力的なキャラクターが次々に登場し、作品世界を弾ませる。

一方で物語には熱田家の前を静かに流れる川のように、悲しみがずっと漂っている。子供を巡る三人の女性の悲しみが見え隠れする。百合子を産んだのに身体が弱く育てられずに死んでしまった万里子。自分の子供を産まずに百合子を育てた乙美。夫の浮気相手の妊娠で、子供が出来ない自分に失望している百合子。彼女達の切ない思いが私の胸にじわじわと沁《し》みてくる。三人を見守る良平もまた切なく悲しい。悲しみを知っている人は、人に同じ思いをさせたくないと、優しさも知るのかもしれない。

四十九日の法要にはお経もお線香もいらないから大宴会を開いて欲しい。乙美の最後の願いに応えた良平が見た優しい奇跡に私は泣いた。子供がいようがいまいが、大切な人に惜しみない愛情を注げる人になりたいと思った。形のあるものじゃなく、誰かの心の中に、ほんのりと温かい小さな光のような思い出をいくつか残すことが出来たら、自分の生きた人生にようやく意味を感じられるような気がした。

この書評は、反響が大きかったです。伊吹さん、好きですね。優しく、温かい。お手紙をいただいたりもしたのですが、すごくきちんとした方でした。この作品は、ドラマにも映画にもなりましたね。

桐島、部活やめるってよ

朝井リョウ

集英社

2010・04・04

高校のバレー部でキャプテンを務める桐島が突然部活をやめた。その小さな事件は数人の同級生達の心の中にある変化をもたらす。バレー部の小泉風助、ブラスバンド部の沢島亜矢、映画部の前田涼也、ソフトボール部の宮部実果、野球部の菊池宏樹。それぞれの氏名で章立てされた物語からは、それぞれの放課後の音、部活の音や心の音が聞こえてくる。

放課後の学校はたくさんの音で溢《あふ》れていた。私は、どの音の中にいたのだろうと考えると、ソフトボール部をサボって友達の部屋で聴いていた洋楽のレコードの音が蘇ってきた。あの頃は自分のことばかりに関心があって身の回りの音しか聞こえていなかったけれど、音の数だけ青春の物語があったのだと今ならよくわかる。

主人公達は、高校生活の中でいつの間にか見えない線を引かれ階層化されていることに気付く。カッコイイ、普通、カッコ悪い、大きく三つに分けられた階層の中、自分はどこにいて、どうあるべきかを考え出す。それは大人の入り口への第一歩なのだ。楽しいばかりの毎日の中に少しずつズレを感じ始め、この先に待つ大きな世界に不安や焦りを抱いて無性にイライラした時期が私にもあった。ううん、今でもある。第一歩を何度も繰り返し踏み出してちょっとずつ大人になればいいのだと、当時の私と小説の中の高校生達に言ってあげたい気分になった。

物語の楽しみは他にもある。女の子達が歌詞がいいと絶賛するチャットモンチーの曲を私も聴いてみたいと思ったり、映画部の部員達と蒼井優の魅力について語り合ってみたいと思ったり、ラッドウインプスのCDなら私も持っていると自慢げに思ったり、若者に対抗心を燃やす自分に気付いたりして面白かった。

桐島くんは最後まで人の会話の中にしか登場しない。渦中の人はその時どんな場所で、どんな音を聞いていたのか、本を閉じた後に想像するのも楽しかった。読書ってやっぱり最高！

桐島が出てこないところが、洒落てる。映画もすごくよかったです。ようやく「若い世代のもの」が出てきたという印象で、出てくるバンド名なんかも、「教わる」感じ。世代が違うのが気持ちよかった。

ほしいものはなんですか？

益田ミリ

ミシマ社

2010・05・16

今あなたがほしいものはなんですか？　と質問されたら、私はなんて答えるだろう？　労働の楽しみも、一人の時間の心地良さも、気の置けない女友達も、とりあえず今を生きるために必要なものを十分に手に入れてしまった私にはほしいものなんてないのかもしれない。でも、心のどこかで自分の人生には確かになにか足りない、とも感じてしまう日々でもある。

可愛らしいキャラクターと肩の力の抜けた優しい画風に油断していたら何度も痛いところを突かれてしまった。小学生のリナちゃんはいつも心の中でなにかを考えている。ときどき胸に湧《わ》いた疑問を大人達に投げ掛ける。「ママ、四十歳は嫌《いや》なの？」。専業主婦のミナ子さんは夫と子供とそれなりに幸せに暮らしているけれど、このまましぼんでいくのかしら？と、四十歳の誕生日を素直に喜ぶことが出来ないでいる。ほしいものは「存在感」。「タエちゃんは、なりたいものになれなかったの？」。子供の頃の夢が一つも叶《かな》っていない叔母、三十五歳独身ＯＬのタエ子さんは、地道に働いてローンでマンションを買ったものの、お嫁さんになる夢は叶ってもいいんだけど……と呟《つぶや》いている。ほしいものは「保証」。どちらの気持ちも痛いほど分かる。

子育てをしている友達と会っている時、お互いに少し気を使って会話を選ぶ瞬間がある。ないものねだりと分かっていながら、それぞれの環境を羨《うらや》ましいと思ってしまうこの感覚、男の人には一生分からないんだろうなと思う。アラサーとか、アラフォーとか元気な言葉の響きで自分たちを盛り上げているけれど、それなりの悩みがあるのだ。男の人にも是非読んで頂きたい。で、女心をもう一度研究して頂きたい。

益田さん、売れっ子ですね。連載をさまざま読みますけど、スタイルを変えず、全部、面白いです。４コマで描けるってすごい。専業主婦とＯＬが出てくるので、女性はどちらかに自分を当てはめて読めます。

サラの鍵

タチアナ・ド・ロネ

高見浩●訳

新潮社

2010・06・27

頑丈で重たい蓋《ふた》をして封印したい過去の秘密。平和な時代を生きてきた私にはその蓋は必要ない。では、どんな人達に必要なのか？　戦争を体験した人の中にはその重い蓋を閉じた人も多かったのだろうとこの本を読んで思った。

物語は二つの異なる時代を数ページごとに行き来する構成で綴《つづ》られる。一つは一九四二年、第二次世界大戦中のパリ。ナチスによるユダヤ人一斉検挙が始まった年だが、実際にユダヤ人を捕まえに来たのはフランス警察だった。ある朝十歳の少女サラの住むアパートにも警官がやって来る。サラは怖がる弟を秘密の納戸に隠して鍵を閉める。生まれ育ったフランスに裏切られるはずがない、きっとすぐに戻って来られると信じていたからだ。納戸の鍵をポケットにしまい両親と共に警官に従う。この後、サラが体験することを読み進めるのは辛いことだ。だからこそ、私たちは目を逸《そ》らせてはいけない。

もう一つの舞台は現代のパリ。フランス人と結婚し、一人娘と三人で幸せに暮らすアメリカ出身のジャーナリスト・ジュリアは、上司から命ぜられパリで起きたユダヤ人迫害について取材を始める。実は現在のフランスでは、この暗い過去はあまり正しく伝わっておらず、彼女は戸惑いながら取材を続けていく。やがて、サラの〝背中〟にたどり着くジュリア。読書の楽しみを奪うことになるのでここから先は是非読んで頂きたい。そしてジュリアと一緒に真実を探って欲しい。目を逸らさずに勇気をもって重い蓋を少しずつ開き、過去の悲しみと向き合う。そのことでジュリアの人生は変化する。何かに向き合うということは同時に自分の内面とも向き合うということなのだ。

重たい蓋を心に抱きかかえながら歩んだ人生がある。過去の出来事は変えられないけれど、今を生きる私達がそれを知り、向き合い、目を逸らさなければ未来を少しだけ変えることが出来るかもしれない。

――戦争と一言でいっても、国によって人によって経験したことが違う。今、生きている私たちが何かを感じることが大事かな。

2010・8・8
夏休みの一冊
私のイチオシ文庫

十二人の手紙

井上ひさし

中公文庫

十代の頃、仕事場で本を読んでいたら「何を読んでいるの?」と声を掛けられた。作詞家の秋元康さんだった。読んでいる本を知られるのが恥ずかしくて、「なんでもないです」と本を隠した。次に会った時、「これ、面白いから」と一冊の本をくれた。

手紙だけで構成された短篇集。でも、それだけで深い物語が伝わってきて驚いた。特に「赤い手」。出生届から死亡届まで、一人の人生に必要だった数々の書類だけで悲しい女性の生涯がちゃんと読み取れてしまうことに私は心から感動した。最近、久しぶりに読み返してみて、やはり名作だと再確認できた。

――最近、文庫は特に字が小さくて、眼鏡ナシでは読めなくなりました。秋元さんは、この時いっしょに『永遠のジャック&ベティ』もくださった記憶がある。

小さいおうち

中島京子

文藝春秋

2010・08・15

バージニア・リー・バートンの『ちいさいおうち』という絵本を子供の頃に読んだ記憶がある。かわいい絵本と同じ表題に私は油断していたようだ。この本を読み終えて、しばらく呆然《ぼうぜん》としてしまった。主人公の人生が生き生きと描かれていて、だから私はこの物語の結末を受け止められず混乱している。実在した人の大事な秘密を覗《のぞ》いてしまったみたいで心が重い。

昭和の初めの頃、東北の田舎から上京した少女、タキは中産階級家庭の女中になる。戦争戦争と激動の時代だったはずだ。でも、タキにとっては、優しい旦那様と、若くて奇麗な奥様と、小さくて可愛い坊ちゃんと一緒に暮らした、坂の上の赤い屋根の家で起きた毎日の小さな出来事の方が戦争よりも事件だった。戦争を知らない私は緊迫した状況を想像するけれど、若い女中さんにとって戦争は、あれこれ忙しい日常に溶け込んでしまうものだったのかもしれない。

少女の頃は何もかもが初体験で、その思い出はキラキラといつまでも心の中に残るものだ。生涯独身で過ごし、今や米寿を超えたタキは一人暮らしのマンションでそんな思い出を少しずつノートに綴《つづ》る。特に、妹のように可愛がってくれた八歳年上の奥様との思い出が目立つのは、タキが奥様に憧れていたからなのだと思う。

ある日、板倉さんという旦那様の同僚が赤い屋根の家を訪れる。そこから物語に不穏な影が現れる。そしてタキのノートは中途半端なところでプッツリと途切れてしまう。タキの寿命が尽きたのだ。最終章ではノートの唯一の読者、甥《おい》の息子の健史が物語を引き継ぐ。タキが抱いていた後悔や秘めた想いが明らかにされてゆくのを、私は息を呑《の》んで見守った。

長く生きているとキラキラした思い出を自ら汚してしまう時がある。塗り替えようとしてもその黒いシミは決して消えない。タキもそうだったのだろうか。私は少し途方に暮れながら静かにこの本を閉じた。

―直木賞受賞作。そして映画化されました。ザラザラした部分もきちんと書かれていて、それを反転させる背負い投げが、鮮やか！

あんじゅう　三島屋変調百物語事続

宮部みゆき

中央公論新社

2010・09・05

咲き乱れる梅の花を生まれて初めて前にして「この世に、こんなきれいなものがあるんですね……」と涙を流すほど感動しているまだ幼い丁稚《でっち》の新太に、「小僧さん、きれいなものは、この世にこそいっぱいあるんですよ。とりわけ、あんたみたいな子供にとってはね」と、さして物語に関係のない梅勝さんが言った言葉がなぜかとっても心に残った。本を読み終わった後、私は子供の頃に見たきれいなものを思い浮かべてみた。満月の光、夕焼けの空、菜の花畑、冬の田んぼにいた白鷺《しらさぎ》、他にもたくさんの美しい景色が頭の中に溢れた。この世にあるのはきれいなものだけじゃない。大人になった私はそれを知っているから、記憶の中の美しく懐かしい景色にほっと心が安らいだ。

江戸は神田の袋物屋・三島屋の伊兵衛、お民の夫婦の下で自ら志願して女中として働く十七歳の姪《めい》、おちかには哀しく不幸な過去がある。打ちのめされた心をさらに痛めつけるかのように働くおちかを夫婦は優しく見守っていた。伊兵衛はとてもユニークな人で、江戸中の不思議な話を集めている。「黒白《こくびゃく》の間」と呼ばれる座敷にお客を招き、他言無用の百物語を聞き集める。だが、実際に話を聞くのはおちかの役目だった。聞き上手なおちかには人の心を引き出す才能があり、おちか自身の心を晴らすのは、慰めや励ましではなく、世間というものに耳を傾け、自分の世界を広げることなのだと伊兵衛が考えたからだった。

この本の中でおちかは四組のお客を迎える。不思議な話と言っても、身の毛がよだつ類いのものでは決してない。

だから、いい歳こいて怪談が苦手なこの私でも安心して読めるのである。特に「逃げ水」と「暗獣《あんじゅう》」は、哀しい話ではあるけれど、どこか微笑ましく、心が温まるお話で大好きだった。人間に忘れ去られた小さな神様「お旱《ひでり》さん」を孤独から救う少年。「くろすけ」と呼ばれるお化けのようなものと心を通わせる夫婦。お互いを思いやるあの世のものと、この世のもの。そして静かに話を聞くおちか。みんながみんな優しくて涙が出た。他にも三島屋で働く新太や番頭の八十助、女中のおしま……。たくさんの脇役達が活き活きと描かれ、おちかの手助けのためにちょっとした活躍をする場面などは心がスカッとした。ページの下の方に慎まし気に描かれた南伸坊さんの数百枚の挿絵がキャラクター像をさらに膨らませてくれる。なんて贅沢な本！

「藪から千本」と「吼《ほ》える仏」は、この世のものであるはずの人間が心の中に溜め込んだ恨みや妬《ねた》みが捻《ねじ》れに捻れて、怪談よりもずっと恐ろしい殺意や集団幻想を生み出すというような話だった。これはストレス社会と言われる現代を生きる私達にとって他人事ではない。実際に目にしたことがあるニュースを連想しながら読んだら余計に恐ろしく心が冷えた。

あの世の怖さは見えるはずのないものが見えてしまうことで、この世の怖さは見えるはずのものが見えなくなってしまうことなのかもしれない。「小僧さん、きれいなものは、この世にこそいっぱいあるんですよ。とりわけ、あんたみたいな子供にとってはね」。梅勝さんの言葉がまた甦る。未来を背負う子供達の目にはきれいなものがたくさん見えているだろうか？

――本当に百物語まで書き続けていただいて、ＮＨＫのドラマもずっとやってほしいです。

漂砂のうたう

木内昇

集英社

2010・11・14

小説は私のタイムマシーンだ。ページをめくれば、どこにでも、どの時代にも旅することができる。とても贅沢で、かけがえのない時間。

今回の旅先は、江戸幕府が崩壊し、自由な時代の始まりと言われた明治。元号が変わり、政治が変わっても、人の心はそう簡単には変わらない。きっと時代の波に乗り遅れてしまった人達が大勢いたはずだ。この物語の主人公もその一人。武家育ちの青年「定九郎」は落ちぶれて、東京・根津遊郭の立番として働いている。

町並みや人々の様子、聞こえてくる音や暗がりに浮かぶ小さな灯《あか》りの怪しさまで、著者はとても豊かに、丁寧に描く。見たことも聞いたこともない根津遊郭が魔法のようにポンと頭の中に広がり私を誘い込む。時空を超え、根津遊郭に降り立った私は賑わう町中を歩き出す。

中通りを行くと、定九郎が働く「美仙楼」がある。見世の大看板、花魁《おいらん》「小野菊」は、一本筋が通っていて女の私から見てもいい女。冷徹な目をした「龍造」は、定九郎にとって頭が上がらない上司という感じ。通りから見世を覗《のぞ》いている噺家《はなしか》の弟子「ポン太」は、なぜか謎めいた笑みを浮かべている。魅力的なキャラクターが次々に現れ、物語は力強いテンポで進む。実は、時代小説は読みにくいものだと思って今までなかなか手に取らなかった私である。でも、そんな偏見は一気にどこかに飛んでいった。

自由、自由と唱える世の中に取り残された遊郭の人達は水の底で漂う砂のように、ゆらゆらとなすすべもなく揺れている。最初の波に乗れなかったのなら、自分の力で次の波を立てるしかないのだ。私は、それぞれが立てる波音をハラハラしながら聞いていた。自由ってなんなのだろう？　明治から百年以上経《た》った今でも、あちこちから切ない波音が聞こえる。水底の砂が一粒ずつでも波を立てれば、いつかきっと大きな波になると信じたい。そんな思いで最後のページを閉じ、私はタイムトラベルを終えた。


――直木賞受賞作。つい先日、某テレビ局のプロデューサーに「面白い本ある？」と聞かれたので、この本を薦めました。

2011

ツナグ

辻村深月

新潮社

2011・01・16

死んでしまった人に一度だけ会えるチャンスがあるとしたら、私はどうするだろうか。

「ツナグ」というのは、生きている人が会いたいと望む、すでに死んでしまった人との面会を仲介する使者のことである。生者にとっても死者にとっても面会の機会はたった一度だけ。料金は無料らしい。ツナグの噂は都市伝説のようにまことしやかに伝わっている。半信半疑で依頼をしてくる人達の前に現れる使者は、どこから見てもごく普通の男子高校生だった。

急死したアイドルに会いたいと願う地味なＯＬ。金ならある、と横柄な態度で亡き母親に会うことを希望する中年男性。自転車事故で死んでしまった親友に聞きたいことがある女子高生。突然失踪した恋人の安否を確かめたいサラリーマン。会いたかった死者に会うことで、生きている人達の人生は変わるのだろうか？　そして死者はいわゆる成仏というのが出来るのか？

単純なファンタジーならばきっとそうなるだろう。誤解や後悔から解放され、すっきりとした気持ちで、キラキラした光の中、天使達に見守られ、もう一度最後の別れの場面となる。でも、この小説はそうじゃない。女子高生の章を読んでいる時、ヒヤリと冷たい風が私の心に吹いた。取り返しのつかない罪はそう簡単には許されない。残酷だけどそれが現実だ。私はそこが好きだった。普通の男子高校生がなぜ使者になったのか、最終章ではその謎が明かされ、胸が温かくなる。生きていても死んでしまっても、人は誰かを思い、そして、思われてもいるのだ。

誰に会いたいか？　本を閉じてから考えた。父親、恩師、十代で逝った幼なじみ。いろんな人の顔が浮かんだけれど、会いたいとは思わなかった。あの世とこの世に別れてからの方が、ずっと近くに感じているからだ。でも、もしも動物でも可能なら、幼い日を一緒に過ごした白い猫に会わせて欲しい。オプションで人の言葉を喋《しゃべ》るようになっていたら、尚嬉《なおうれ》しい。

——今なら迷わず猫の小雨に会います。この作品も映画化されましたね。

木暮荘物語

三浦しをん

祥伝社

2011・02・06

遠い記憶が蘇《よみがえ》ってきた。父親の経営する会社が倒産し、町中にひっそりと佇《たたず》むおんぼろアパートに少しの間身を潜めたことがある。私が中学二年生の時だった。小さい会社だったけど一応社長令嬢だったたし、小さい家だったけど一応持ち家育ちの私にとって、人生がぐるんと裏返るような感覚がする体験だった。大人達には深刻な事態だったと思うが、子供だった私の胸は不謹慎にもワクワクしていた。なぜだか、ここから何かが始まるんだという予感が小さな胸を膨らませていた。

世田谷代田駅から徒歩五分、おんぼろな外観の木暮荘《こぐれそう》には四人の住人がいる。一階に住む大屋の木暮さんは七十歳過ぎの男性だけれど、死ぬ前にもう一度セックスがしたいと願いながら愛犬ジョンと暮らしている。その隣のいかにも今時の女子大生、光子の部屋には複数の男友達が出入りする。光子の生活を二階からこっそりと覗《のぞ》いているのは感じの悪いサラリーマンの神崎。今の彼と前の彼と三人で共同生活する羽目に陥っている花屋店員の繭も二階の住人だ。この四人を中心に物語はくっついたり離れたりしながら進んでゆく。繭の働く花屋のオーナー佐伯夫婦。白い薔薇《ばら》を買いにくる謎の客ニジコ。木暮荘の前を通る度、庭に繋《つな》がれたジョンにシャンプーを施したいと思っているトリマーの美禰《みね》。美禰と心を通わすヤクザの前田。一人一人抱き締めてあげたくなるほど愛おしい登場人物達が、恋愛や性や癖の問題を抱えながら、真摯《しんし》に誠実に他人との関わりを求めている。

あぁ、私はこの物語がとっても好きだ。ずっとずっと木暮荘を見守っていたかった。読み終わった時、これから何を楽しみに生きて行ったらいいの？　と、喪失感すら抱いてしまった。こんな気持ちを抱くのは、私もおんぼろアパート経験者だからだろうか。それとも、何かが始まったり終わったりしながら続いてゆく人生を、四十五年分それなりに経験したからなのだろうか。

——これ、続篇があったら絶対に読みたいです。登場人物のその後が知りたい。でないかなぁ？

テコちゃんの時間　久世光彦との日々

久世朋子

平凡社

2011・02・20

誰かが自分のことを知ってくれている。当たり前のようで、とても特別なことだと思う。父親が入院していたとき、身体を拭きに来てくれた看護師さんに「お父さまは熱いお風呂とぬるいお風呂、どっちが好き？」と、訊《き》かれた。意識朦朧《もうろう》の父のために濡《ぬ》れタオルの温度を気にしてくれたのだ。病室には他に誰もいなかった。私は知らなくて答えることが出来なかった。何でも知っているつもりでいたが、私は父のことを何にも知らなかったのかもしれない。

演出家、作家として数々の名作を残して逝ってしまった久世光彦さん。私にとって恩師と言える唯一の存在である。女優として、人として、大切なことをたくさん教わった。時にはその厳しさに涙を流し、褒められれば天に昇るほど嬉しかった。私が知っている久世さんは、少し近寄り難い先生の顔をいつもしていた。

奥様の朋子さんが綴った久世さんとの記憶は切なく優しかった。こんなにも久世さんのことを知っていてくれる人が側《そば》にいて幸せな人生だっただろうな、と恩師を慕う私の胸は熱くなる。二十二歳の年齢差、妻子があった人との密やかな恋、未婚のままの出産、そして妻となった。人生を共に闘った同志であり、時には悪戯《いたずら》な少年と少女、時には父と娘、亡くなってから思い出を振り返る朋子さんの眼差《まなざ》しは母であり、風景が浮かぶ美しい文章を読んでいると二人の関係は師弟でもあったのかもしれない。

お正月にお客様を迎えるための支度、朝方に執筆を始める久世さんのために用意するおやつ、お重箱に詰められたお誕生日のお赤飯。丁寧な暮らしの中で大切に育まれた家族の食卓は、久世ドラマの名シーンそのものである。

九十八歳で亡くなったお母様にテコちゃんと呼ばれ続けた可愛い久世さんの一面を知り、私まで母のような気持ちで、よしよしと頭を撫《な》でてあげたくなった。「調子に乗るな」と、天国から叱られるだろうか？　むしろ叱られたいと思う。


この本で、久世さんの違う面を見た感じがしました。久世さんの死後、奥様の朋子さんとも親しくさせていただいていて、不思議な縁だな、と。

ピエタ

大島真寿美

ポプラ社

2011・05・22

クラシック音楽をあまり聴かない私でも、ヴィヴァルディの「四季」と言ったら旋律が頭に浮かんでくる。ヴェネツィアが生んだ偉大な作曲家であり、実は司祭でもあったヴィヴァルディはピエタ慈善院で孤児たちにヴァイオリンを教えていたそうだ。そんな史実を踏まえ、著者が紡ぎだしたこの物語は、彼の訃報から始まる。

主人公は四十五年前にピエタに捨てられたエミーリア。恩師の死をきっかけに彼女はある楽譜を探し始める。依頼したのは幼なじみのヴェロニカ。貴族の娘だが、教養の一つとしてピエタで楽器を習っていたころに、ヴィヴァルディが作ってくれた簡単な練習譜の裏に思いつくままメロディーに合う言葉を綴っていた。自分自身思い出せないその言葉が、年月を経た今、とっても大事な言葉だったように感じるのだとヴェロニカは言う。私は今、彼女たちと同世代の四十五歳。娘時代に今よりも澄んだ瞳で見つめていた世界はどんなものだったのか、もう思い出すことが出来ないほどの月日が経った。だからヴェロニカのもどかしさを容易に理解できた。

楽譜を探しながらエミーリアは様々な女性に出会う。ヴィヴァルディの妹たち、スター歌手とその姉、謎の高級娼婦……。物語の中心にヴィヴァルディは存在しているが、これは女たちの物語だ。立場や生き方がまるっきり違う、本来なら出会うはずのない女たちが出会った瞬間、それぞれの愛や孤独や思い出がきれいな音楽のように共鳴し合う。人生には光も影もあり、それも運命と受け入れて静かに微笑む彼女たちの美しさに泣きたくなった。優しくて凄みある、あんないい女に私はなれているだろうか?

例の楽譜は思わぬところで見つかるのだが、そこに書かれていた言葉にとうとう涙が溢れてしまった。かつて娘だった全ての人に贈りたいような言葉。ヴェネツィアのゴンドラに揺られながら夜空を見上げ小さな声で自分のために唄ってあげたい、ささやかな希望の言葉だった。

――大好きな小説で、今の夢はこの作品の舞台化。音楽、ゴンドラ、月……素敵だろうな。私は裏方でいいんですけど、出るとしたら高級娼婦かな。

真夜中のパン屋さん

大沼紀子

ポプラ文庫

2011・07・10

テレビや雑誌を見ていると「イケメンシェフ」だの「イケメンパラダイス」だのイケメン頼りの世の中だと思う。そう言う私だって、もちろんイケメンは嫌いじゃない。

半月前にオープンした真夜中にだけ営業するパン屋さん。優しそうな眼鏡男子のオーナーと、若くて才能のあるパン職人が切り盛りしている。どちらもイケメンだ。ある事情を抱えた女子高生が訪ねてくるところから物語は始まる。これだけでドラマプロデューサーが飛びつきそうな話だが、読み進めるともっと深い人間模様が現れてくる。

夜の町を徘徊《はいかい》する小さな男の子、ひきこもりの脚本家、ホームレスのニューハーフ。興味深いキャラクターが次々と登場してどんどん引き込まれる。それぞれが抱えている傷や孤独が真夜中の街に漂う美味しそうなパンの焼ける匂いに誘われて集まり、パン屋さんは優しく包み込む。昔はどこにでもあったはずの下町の人情みたいなものがそこにある。最後にはほんわりと胸が熱くなる読み応えのある物語だった。ただ、間違いなく美味しいパンが食べたくなるので真夜中に読むのは要注意。

——現実にプロデューサーが飛びつき、NHKでドラマになりました。家族とうまくいかない人が夜中の街に出てくるのは、わかる気がします。

想い出あずかります

吉野万理子

新潮社

2011・07・24

魔法使いになりたいと思っていたのは幼い日の私。ほうきにまたがって空を飛ぼうとしたり、鏡を見つめて呪文を唱えたり。でも、残念なことに私にはそんな力はこれっぽっちも備わっていなかった。

海辺の町の崖の下に住む魔法使いが退屈しのぎに始めた「おもいで質屋」には毎日のように子供達がやって来て想い出を質草にお金を借りる。二十歳になると魔法使いに関する記憶は全て消されてしまうが、その前にお金を返せば想い出は取り戻せる。いじめに遭っている女子高生はその辛い想い出を預け、小学生の男の子はゲーム欲しさに母との想い出を質入れするけれど、ある事件が起こって……。大人の私にとって幼い日の想い出は絶対に手放したくない愛おしいもの。〇点のテストも、おねしょで書いた世界地図だってぎゅっと抱きしめてあげたいほど大切だ。
たったひとり、二十歳の誕生日が過ぎても魔法使いの存在を忘れなかった女の子がいる。彼女はなぜ忘れなかったのか？　それは読んでのお楽しみなのだが、魔法使いと彼女の心の交流は真の友情みたいに強くて優しく対等で素敵だった。

——連作短篇集。今でも手放したい記憶はないけれど、年を重ねるごとに忘れてしまうことが増えるんだろうな、ああ老化。

私の浅草

沢村貞子

暮しの手帖社

2011・08・07

夏のイチオシ　テーマ「節」

憧れの女優、沢村貞子さんのエッセイを読んでいると心が落ち着きます。明治生まれの彼女が育った浅草の町で見た風景、食べていたもの、感じた思いはどれも慎《つつ》ましくて涙が出そうになります。

世の中が便利になって人々の暮らしはあの頃よりもずいい

ぶん豊かになったのかもしれません。でも、自然の驚異を思い知らされた今、私達はあの慎ましさを学ぶべきなのだと思います。クーラーも冷蔵庫もなかった時代、人はもっと工夫しながら生きていたのではないでしょうか。そういう暮らしの方が実は豊かだったのでは、と考えさせられるエッセイです。

―沢村さんの生きた時代に憧れますが、暑い夏にクーラーなしで生きる自信はありません。

言わなければよかったのに日記

深沢七郎

中公文庫

2011・08・21

三月十一日の後で

しばらく本を読まなかった。いつも読んだ本をノートに書き出して記録しているが、私の読書ノートの三月と四月には一冊も書かれていない。

四月から始まる舞台の稽古の日々だった。あの日はたまたま稽古がお休みで、のんびりした午後を自室で過ごしていた。揺れ始めた途端に停電になり、復旧したのは十二時間後。テレビもラジオもパソコンも使えず情報が断たれた。携帯電話も電池が切れそうで無駄に使えない。日が暮れると暗いし寒いし、布団に潜って朝になるのを待っているしかなかった。そして、朝目が覚めてテレビをつけた時に目にしたあの映像。

余震が続く中、稽古は再開された。昨日まで何も思わずに口にしていたセリフの意味ががらりと違って感じられた。ちょっとした表現が妙に生々しくて口にするのが怖かった。言葉は生き物なのだと改めて思った。こんな時に演劇なんて必要なのだろうか？　それでも私達はやるしかない。やり続けたら幕が開いて、気が付けば千秋楽を迎えていた。

五月になってやっと本が読みたいと思った。ずっと前から持っていて、いつか読もうと思っていたこの文庫を本棚から選んだ。『楢山節考《ならやまぶしこう》』で作家デビューした深沢七郎が昭和の文豪たちとの交流を綴った『言わなければよかったのに日記』。そのおおらかなユーモアに私は救われた。正宗白鳥の家には大きな池があって白鳥が泳いでいると思い込んでいたり、石坂洋次郎の家の庭を木に登って外から覗いてみたり、小さな子供みたいな好奇心で人や世の中を見ているのだと思った。他にも井伏鱒二、村松梢風、伊藤整、武田泰淳などが登場するのだが、とんちんかんな質問をしたり、知ったかぶったことを言ってしまった後悔がこの本なのだ。どのエピソードもユーモアたっぷりで、私は何度もくすっと笑ってしまう。

震災以降、テレビもネットもほとんど見ていなかった。出来るだけ耳を塞いでいたかった。信頼できる言葉だけを探して肩に力が入っていたようだ。昭和の文豪たちが時を越えてやって来て私の肩を優しく揉《も》み解《ほぐ》してくれたような読後感だった。言葉はやっぱり楽しいものでもあるのだ。

—震災後の特集でした。この本のユーモアに私は救われました。

これからの誕生日

穂高明

双葉社

2011・09・04

見ず知らずの人の人生を想像してみることがある。例えば電車で向かいの席に座っている疲れた様子のサラリーマンの人生を。例えば交差点の対岸で信号待ちをしている美しい女の人の人生を。この世にはたくさんの人が生きていてそれぞれの毎日がある。私の陳腐な想像を超える幸福や悲しみがきっとある。

ファストフード店で向かい合う高校生カップルを見て若いっていいなと微笑ましい想像を私はする。でも実は、演劇部の合宿に向かうワゴン車が大事故に遭い一人だけ生き残ってしまった罪悪感に苦しむ姉と、それを心配する弟なのかもしれない。バースデーケーキを買っている主婦を見て幸せな食卓を想像する。でも実は、事故で一人娘を亡くしたシングルマザーが仏壇に供えるケーキなのかもしれない。居酒屋で熱く語っている若いサラリーマンを見て営業先で頭を下げている姿を想像する。でも実は、事故で数人の生徒と同僚を亡くし、たった一人生き残った生徒の不登校に悩む教師なのかもしれない。オペラ劇場のロビーで立ち話をしている母娘を見て裕福な家庭のきれいなリビングを想像する。でも実は、大事故で心を病んだ姪とそれを気遣う独身の伯母という関係かもしれない。

私が見ていたのはもちろんこの物語の中を生きる人たちだ。それぞれの目線で章立てされた六篇には私の想像を遥かに超える痛みがあった。「私、もう笑ったりしちゃ、いけないような気がする……」。十七歳の女子高生が口にするには重過ぎる言葉。あらゆる言葉に彼女は傷付く。学校の裏サイトに書き込まれた中傷はもちろんのこと「助かってよかったね」というなにげない善意の言葉でさえ彼女を苦しめてしまう。私の無責任な想像はそういう言葉と同じ類いのものなのだと気付き背中がひんやり冷たくなった。

本を閉じて目を瞑《つむ》り、彼女が成長して大人になった時、悲しみを享受して素敵に笑う姿を想像してみる。祈るように想像してみる。

「かもしれない」「かもしれない」……。読書委員を数年やらせてもらって、いろいろな書き方を試す時代に入っているかもしれません。

明日のマーチ

石田衣良
新潮社

2011・10・09

中学生の時、テレビの新人発掘オーディション番組に出演することになった。親や姉妹はもちろんのこと親戚中が驚いた。「あの、引っ込み思案の今日子がテレビに出るなんて！」。一族の心配を他所《よそ》に私は下手なりに堂々と歌を唄って見事合格し、十五歳という若さで自分の生きる道を見つけて歩き出した。それから三十年、有り難いことに恵まれた道を歩んできたと思う。

山形県の工場に働く四人の若者がある日突然派遣切りに合う。年収二百万円の彼等にはお金も仕事も待っている恋人もいないが、時間とエネルギーだけは有り余っている。無口で人を寄せ付けない雰囲気を醸し出す男「修吾」は東京まで六百キロ以上もある道程《みちのり》を歩いて帰ると言う。ブロガーで気性の荒い男「伸也」、中国残留孤児三世で美容師志望のおしゃれ男「豊泉《ホウセン》」、特に特徴はないけれど普通の常識と良心を持ち合わせた優しい男「陽介」の三人は暇つぶしのために修吾と一緒に歩き出す。伸也が旅の記録を「明日のマーチ」と題してブログにアップすると驚くほどの反響がある。世間からは非正規雇用問題への抗議行動と捉えられ、同じ境遇の若者はもちろん、マスコミや政治家をも巻き込んでの大騒動に発展してゆくのだ。

理由はどうあれ、彼等は歩き出した。道がある限りそれはどこかに繋がっていて、自分なりのゴールが待っているはずだ。知らない道を歩くのは怖いけれど勇気を出さなければ何も始まらない。見ない振りをしてきた現実を突きつけられたり、過去の過ちに向き合わなければならない時も来る。でも、ズルをしないで一歩を踏み出せばそこはもう未来なのだ。中学生の私に言いたい。勇気を出してくれてありがとう。

四人の若者が辿り着く場所はどこなのか？

それはもちろん読んでのお楽しみとしておきたいが、読み終わった時、私の心にまたムクムクと勇気が湧いてきた。三十年後の自分に感謝されるように今日も一歩進んでみようと思う。

——実際、このようなことが起こり始めましたよね。官邸前のデモとか。20歳前後の子は頼もしいな、と思います。

平成猿蟹合戦図

吉田修一

朝日新聞出版

2011・10・30

幼い頃に読んだ「さるかに合戦」は、意地悪なサルに身も心も傷付けられたカニの敵討ちのために、ハチとクリとウスと牛糞《ぎゅうふん》という仲間たちがサルをコテンパンにやっつけるというお話だった。意地悪なサルは当然憎らしかったけれど、なにもそこまでしなくても、という思いで読んだ記憶がある。幸福なことに私は敵討ちしたいほど辛い経験をしたことが未だにない。それでも心の中に少しずつ溜まっていった小さな鬱憤《うっぷん》の塊をコテンパンにしたら、さぞかしスカッとするだろうな、と想像してみる時はある。

夜の新宿・歌舞伎町から物語は始まる。平成の敵討ちの仲間たちは、ある轢《ひ》き逃げ事件をきっかけに互いに引き寄せられてゆく。事件の鍵を握る世界的に有名なチェロ奏者。その姪の美大生。チェロ奏者のマネジャー女史。韓国クラブのママとバーテンダー。冴えないホスト。そのホストを追って五島列島から赤ん坊を抱いて上京したホステス。秋田県に住むチェロ奏者の祖母。さぁ、役者は全て揃った。平成の敵討ち物語、いやいや、これはもう胸がスカッとする大冒険活劇と言えるでしょう。とにかく、「平成猿蟹合戦図」はじまりぃ〜はじまりぃ〜と大きな声で叫びたい気分なのだ。出会うはずのない人々が出会い、哀しい復讐はいつの間にか未来への希望と転化し、集結した力は勇気と優しさで悪をばったばったと切り倒し、若き政治家をこの世に送り出す。

心に残ったのは〈人を騙せる人間は自分のことを正しいと思える人なんです。逆に騙される方は、自分が本当に正しいのかといつも疑うことができる人間なんです〉というマネジャー女史の言葉。ページを捲りながら彼らを応援してきた私は、候補者に清き一票を投じたようなものだ。自分を疑うことが出来る正しい人が生きやすい世の中になるよう、ばったばったと心に溜まった鬱憤を切り倒しながら、自分なりの冒険の日々をスカッと生きたいと思った。

これもWOWOWでドラマになりました。監督をした行定（勲）さんと、この本の話をした記憶があります。エンターテインメント性がある作品。

望月青果店

小手鞠るい

中央公論新社

2011・11・27

思春期の頃、母親の存在を疎ましく思った。初めて恋をした頃だった。恋するという感情が嬉しいような恐ろしいような気がしていて、何かのせいにしたかったのだと思う。自分の中には母親と同じ血が流れていて、だから恋なんかするんだ、全てお母さんのせいなのだと変な理屈で恋心を納得させようとしていた。

本書の主人公・鈴子にとっても母親は天敵のような存在で、母からいつも逃げたいと思っていた。そして結婚に猛反対した母を捨てるような気持ちで誠一郎と一緒になったのだ。五十代になった鈴子は、視力を失った夫・誠一郎と盲導犬の茶々とアメリカでペンションを経営しながら穏やかな日々を過ごしている。ある日、小さな青果店を営む岡山の実家から母親の体調が悪いことを知らされ、五年ぶりの里帰りを計画するのだが、大雪による停電が続き里帰りは危ぶまれる。停電の中で様々な過去の記憶が甦る。母との確執、初恋の人・隆史と交わした約束……。

過去の記憶を過ぎたことと忘れてしまえればどんなに楽かとよく思う。記憶は塗り変えることが出来ないから厄介で、いつまでも胸を締め付ける。思春期の頃に母親に投げかけた酷い言葉がふとした時に生々しく心の中に甦って居たたまれないような気持ちになることがある。

ただ、記憶は塗り変えられないけれど、新しい記憶を育むことは出来る。停電の中で鈴子は、結婚前に再会した隆史が時間を超えて果たしてくれた約束を思い出す。それは、母から誠一郎へと旅立つ鈴子の背中を強引に押してくれた、誰にも言えない秘密の思い出だった。記憶は人の心を締め付けることも温めることも出来る。誠一郎との暮らしの中で育まれてゆく静かで豊かな幸福な時間は、鈴子の母への思いを少しずつ和らげてくれる。物語の最後で交わされる母娘の電話の会話はとっても可愛くて微笑ましかった。本を閉じた後、母親に会いたくなって車を実家に走らせた。

——母と娘というのは愛と憎しみが入り混じった独特の関係ですよね。それは死ぬまで終わらない気がします。

2012

スウィート・ヒアアフター

よしもとばなな

幻冬舎

2012・01・22

あの時もそうだった。

二十二歳の私の日々は目が回るほど忙しく、文字の通り心をなくしていたと思う。仕事をしている以外の時間は無気力で、息を吸って吐くということすら上手に出来なくなっていた。まずいなと心のどこかで感じていたけれど問題に向き合う元気も湧いてこなかった。そんなとき、著者の処女作『キッチン』を読んだ。ただ一冊の小説を読んだだけなのに、心は私の元にすんなりと戻って来てくれた。あの優しく不思議な感覚を私はまた味わうことになった。

恋人とドライブ中に事故に遭い、自分だけ生き残ってしまった小夜子のお腹には錆《さ》びた鉄の棒が刺さっていた。生死を彷徨《さまよ》いながら不思議な体験をしてこの世に戻ったとき幽霊が見えるようになってしまう。バーのカウンターの隅にいつも座っている髪の長い女の人、取り壊し寸前のアパートの二階の窓辺でいつも幸せそうにニコニコしているかわいい女の人。恋人を失った悲しみ、傷跡が残った身体、どこかに置き忘れてしまった魂。自分自身も幽霊のようだと思いながら、それでも小夜子は生きている。どんなに悲しいことが起こっても時は無情に進むと思ったことがある。でも、無情に進むからこそ、息をしたり眠ったり食べたり、人は生きてゆけるのかもしれない。幽霊アパートで始めた一人暮らし、そこで出会った男の子、行きつけのバーのマスターとの交流。魂を取り戻すまでの時間はゆっくりと優しく過ぎてゆく。スウィート・ヒアアフターとは甘い来世という意味だそうだ。人は生きていながらも生まれ変わることが出来るような気がする。二十二歳だった私は心を取り戻し確かに生まれ変わった。人から見たら何も変わらなかったのかもしれないけれど、自分の目に映る世界はガラリと変わったのだ。あの感覚を今はっきりと思い出した。生きているということはそれだけで奇跡のように素晴らしい！　のだ。

ばななさんは、少し、私にとって特別な作家さん。小説自体が、昔から知っているお友達みたいに感じてしまう。仕事が忙しくて心がどっか行っちゃったときに手に取ることが多くて、読むと戻してもらえます。

きなりの雲

石田千

講談社

2012・05・06

初めて編み物をしたのは小学生のとき。学校の手芸クラブで教わってマフラーを編んだ。根気がない私が最後まで編み上げたことに母親は驚いていた。次に母のためにクリーム色と水色の毛糸で三角ストールを編んで母の日にプレゼントした。編み物は肩が凝るし、根気がいるし、正直言って面倒くさい。でも、面倒くさいぶん、編み上げたときの喜びはひとしおだった。

手芸店の編み物教室で講師をしているさみ子は恋人から好きな人が出来たと告げられ失恋してしまう。四十歳を過ぎてからの失恋なんて考えただけで気持ちがどうにかなってしまいそうである。若い頃より大人になった今の方がずっと傷付くのが怖い。悲しみを違う感情に転化するほどのエネルギーが残っていないのか、ただただ悲しみの中で息を潜めてしまうような気がする。仕事を休んで、アパートの部屋で荒んだ生活を送るさみ子の身体はついに悲鳴をあげる。なんとか立ち直るために、美味しいものを食べたり、人と会話をしたり、教室の授業を再開したりする。少しずつ元気を取り戻していたさみ子の前に再び元恋人が現れる。

いやいや、あらすじを説明したいわけじゃない。作者が紡ぐきれいな言葉の中から溢れる音、移り行く季節の美しい風景、淡くて素敵な人間関係、ちょっとした会話の優しさ、この物語に詰まっているさみ子が過ごした半年間を全てお伝えしたいのだ。でも、それを一言で言うなら「読んでみて下さい」ということになってしまう。表題のきなりとは生成りのこと。加工されていない糸や生地の色のことだ。私はこの色の優しい風合いが好きだ。生まれたまんまの素朴で逞しい色。そんな生成りの毛糸を丁寧に、編み目正しく美しく編み上げたこの物語は、もうこれ以上恋愛なんかで傷付くのはゴメンだと逃げ腰の四十六歳の私に、そのままで、生成りのままで生きていいんだよ。と肩を抱いて励ましてくれるような優しさだった。頑張ろう。

痛手を受けたときって、実は、細かい作業で救われる。私も、気持ちがこんがらがると、縫い物や編み物で手を動かしたくなります。目の前のことに集中して、忘れていけるから。もう、めったに傷付かないけどね。

NOTES

尾崎豊

新潮社

2012・06・10

一九八一年、私は高校一年生だった。もう子供じゃないけれど、まだ大人でもない。勉強が嫌いで遊んでばかりいた劣等生だったけれど、心も身体もエネルギーに満ちていて何をしていてもゲラゲラ笑えるほどに楽しかった。でも本当は気付いていた。いつか大人にならなきゃならないということに。それは、遠くの空に浮かんでいる大きな黒雲が少しずつ自分のいる場所に近づいてくるような恐ろしいイメージだった。

尾崎豊と私は同い年。でも私は彼の音楽をちゃんと聞いたことがなかった。もちろん知っている曲はたくさんあるし、いい曲だと思うものもあるけれど、なぜかあまり身近に感じていなかった。同い年だからこそ自分が感じているリアルな感覚しか認めないような気持ちがあったのかもしれない。勉強なんかしたことない劣等生だった私には進学校に通う優等生のように見えた彼の言葉は少し遠くの方で響いていた。

十六歳から亡くなるまでの十一年の間に五十冊ものノート。誰かに読ませるためではなく、自分自身と向き合うためだけに書き綴られた莫大な量の言葉。活字で印刷されると大人っぽいけれど直筆だと途端に少年っぽさが溢れて親しみが湧いた。私が黒雲に怯えながらゲラゲラ笑っていた時間、彼は黒雲の正体を暴こうと必死に立ち向かっていた。「そんなの見ない振りしちゃえばいいじゃん！」。過去の私ならそう言うだろう。今の私は膝を抱えて震える彼の隣に言葉もなく静かに佇むことくらいしか出来ない。だって、黒雲はずっと遠くの空に浮かんだままで近づきもせず今もまだ私を脅かしているのだから。まるで自分自身の大きな影みたいに。

表紙をめくると若き日の尾崎豊が鋭く睨むような視線でこちらを見つめている。その繊細で透き通るような儚さが、まるで羽を傷めた天使のように見えて切なくなった。


なぜ自分が尾崎豊を受け入れられなかったのかをきちんと書こうと思った。読んでとても良かったけれど、私と同じ思いの人もいるだろうな、とも感じた。学生時代、真面目に勉強をしていた子たちには彼の言葉が届くのだろうな。

七夜物語

川上弘美

朝日新聞出版／上・下

2012・07・08

初めて読んだのになぜか懐かしく感じたのは、物語の設定が「ふくだ、たけお」が総理大臣だったあの時代だったからだろうか。私はこの本の主人公さよと同じ、小学生の女の子だった。

さよは小学四年生。両親が離婚して母親と二人で暮らす本を読むのが大好きな女の子。ある日、さよは図書館で一冊の本に出合う。読むことは出来るのに、本を閉じたら中身を思い出すことが出来ない不思議な本『七夜物語』。さよは、少し頼りない同級生の仄田《ほのだ》くんと一緒にこの物語の「夜の世界」に誘い込まれ冒険をすることになる。

最初の夜に料理上手な大ねずみ「グリクレル」の台所で皿洗いのお手伝いをさせられる場面が大好きだった。「行儀の悪い子供は、しつけてやらなきゃね」と容赦のないグリクレルみたいなおばさんやおじさんが昔はたくさんいた。そういう大人達に叱られたり褒められたりしながら、家庭と学校くらいしか知らなかった私の小さな世界は少しずつ広がっていった。

夜の世界で二人は懸命に戦う。応援しながら私も戦う。なぜか自分自身と。はちみつ色の塊「ミエル」が誘う眠気は私の怠け心。一日の半分を完璧な美しい姿、半分を惨めな姿にされてしまう子供達はいいところも悪いところも全部あって面白いのにバラバラにされてしまうと嘆く。その半分は私の虚栄心、半分は卑屈な心。大人の私は敵の正体をこうして暴くことが出来る。だから図太く生きていられる。でも、幼い日の私はいつも些細なことに胸を痛める怖がりで泣き虫な少女だった。それが今は懐かしい。

夜の世界はいつも私の心の中にある。今も戦いは続いている。小学生の私は『七夜物語』を図書館でみつけただろうか。夜の世界で勇ましく戦っただろうか。グリクレルの作ったさくらんぼのクラフティーを食べただろうか。本を閉じたら全てを忘れてしまうのだから確かめようがなくてなんだかとても悔しいのだ。

——おとぎ話だけれど、そこは川上さんだから、少し怖かったりするんだよね。子供の頃この本に出会いたかった。もっとワクワクしたんだろうな。

オートバイ

A・ピエール・ド・マンディアルグ

生田耕作●訳

白水Uブックス

2012・08・05

夏の一冊　テーマ「輪」

岸田今日子さんの短篇集『二つの月の記憶』の一篇に「オートバイ」という短い小説がある。八十一歳のおばあちゃんが、深夜に孫娘の彼氏が運転するバイクの後ろに乗って街を疾駆する。おばあちゃんは若い日の恋愛の心残りを果たすのだ。若き日の恋人から貰った一冊の本、フランスの作家マンディアルグの長篇『オートバイ』を孫娘に読めと勧める場面がある。孫娘の気持ちになって私も読み始めた。ある朝、若妻が夫を残し遠くに住む愛人の元へ衝動的にバイクを走らせ会いに行くというお話だが、ラブとエロスと疾走感に胸がドキドキしてしまいました。

――この本のように、作中に登場する別の小説がどうしても読みたくなります。そんな本が本棚にたくさん貯まっています。

愛のバルコニー

荒木経惟

河出書房新社

2012・08・12

アラーキーが三十年間撮り続けた自宅のバルコニー。愛妻の陽子さんが微笑み、愛猫のチロちゃんが駆け回ったこのバルコニーはもう存在しない。マンション自体が取り壊されたそうだ。とても淋しい。私なんて『センチメンタルな旅』や『愛《いと》しのチロ』を通して見ていただけなのにぽっかりと心に穴が開いたような気分になってしまう。

パラソルの下で食事をすれば食卓に、水着でチェアーに座れば砂浜に、雪の日にはゲレンデに、チロちゃんが走ればジャングルに、変幻自在に変化する楽園。愛ってなんなのだろう？　いくら考えても答えに辿り着かないのだが、荒木さんの写真を見ているとわかりかけたような気持ちになる。こんな風に誰かに見つめられたいなと思う。陽子さんが去り、チロちゃんが去り、恐竜や動物の玩具で埋め尽くされたバルコニーからはこの世の終わりのような始まりのような不気味な静寂を感じて切なくなった。

これはもう、切なかった。『センチメンタルな旅』からずーっと、このバルコニーが写っていたから、この世の終わりみたいな気がしたな。無くなっていくものは、記憶の中に持つしかない。建物なんて、特に。

人間仮免中

卯月妙子

イースト・プレス

2012・12・16

ある日、友人からメールが届いた。「人間仮免中って漫画、スゴイよ！ ヤバイよ！」。その友人はいつも音楽や映画や本の情報を送ってくれるのだが、一度も外れたことがない情報通。私はすぐに本屋に走った。確かにスゴイ！ 確かにヤバイ！ ちょっと笑えるような漫画なのだと思って読み始めたから余計に衝撃的だった。

卯月妙子さんが生きていてくれて、この漫画を書いてくれて本当によかったと思う。小学生の頃に統合失調症を発病し、中学三年生で初めての自殺未遂、その後の人生は波瀾万丈なんて言葉では言い尽くせない。女優や漫画家として活躍しながら入退院を繰り返し、数年前に歩道橋から飛び降りて顔面を粉砕骨折、片方の視力を失ってしまってからこの漫画を書いた。一言で言えば壮絶。だけどとっても切実で愛おしいラブストーリーだと私は思った。

統合失調症という病気に対して知識がなかった私には、なるほどそういう症状があるのか、生きてゆくのがしんどいだろうなと、想像でしか理解することが出来ないけれど、これが病気であるということがはっきり分かった。帯文で井浦秀夫さんが書いているように、世の中の百人に一人は統合失調症だそうだが、多くの人は自分とは無縁の世界の話と目をそむける。私もその多くの人の一人。目からウロコだった。でも、この漫画はただの闘病記なんかじゃない。現実も妄想もひっくるめて自分が体験したこと全て身を削って書く。二十五歳年上の恋人ボビーとの愛も赤裸々に全て書く。もうこれは卯月妙子っていうカッコイイ女の生き様だ。心も身体もまだ痛いだろうに必死に書いた。そう思ったら泣けてきた。どんどん涙が溢れてしまった。

大けがから生還し、病院を退院した夜に、顔の傷跡を撫《な》で愛おしいと泣きながら彼女を抱いたボビーの愛は、彼女の過去も未来も現在も全て肯定しているんだなと思ったらまた泣けてきた。本当にヤバイ漫画です。

——すごいとしか言えない。わかるなんて絶対に言えない。本当にすごい本です。

2013

快楽上等！

上野千鶴子

湯山玲子

幻冬舎

2013・02・03

まもなく四十七歳になる独り身の私は、これから先の人生をどう生きたらいいのか、もちろん考える。今のうちにたくさん働いて将来はみんなで一棟のマンションを買って助け合いながら暮らそうなんてことをよく女友達と冗談のように語り合っている。本当は結構本気だったりする。いつの間に私の将来から恋愛や結婚、即ち男の人の存在が消えてしまったのだろう。

上野千鶴子さん一九四八年生まれの社会学者。湯山玲子さん一九六〇年生まれの著述家。ひと回り年齢の離れた女二人の対話は三・一一から始まり、恋愛、結婚、快楽、加齢など私にとって興味津々の議題ばかり。それらの議題について思った以上に赤裸々に語り合う頼もしい先輩方。二人の会話に参加している気分で、そういう事だったのかと何度も頷き、何度も痛い所を突かれ、最終的には頭の中がスカッとした。

　恋愛の先にはいつも結婚や出産や家族という未来が見えていた。長い間その思いに捉われて生きていた。離婚を経験した私でもついこの間までそんな思いに揺れていた。やっと解放されたというのに今度はどこに向かっていいのか迷子のような気分だった。その原因がはっきりしたし、上野さんのいう「選択縁」「最後の秘境は他人」などの言葉に答えがあるのだと思った。仕事をしながら生きる女としての矜持《きょうじ》や美意識、何よりこの先を生きてゆくパワーが心にムクムク湧き上がるような気持ちになれた。人と話をするのは大切な事だと思う。自分ひとりじゃ辿り着かない方向に行き着くことが出来るのが会話なのだと思う。話す相手が自分よりも知識や経験が豊富だとより遠くの場所まで辿り着く事が出来る。実際、私は本を読んだだけなのだけれど結構遠くまで気持ちよく流されました。

　生まれて初めて教科書や参考書以外の本にラインマーカーを引きまくった。私の未来。新しい世界、新しい生き方への受験勉強をしているみたいで楽しかった。晴れて合格しますように。


―東京で、独身でバリバリ仕事をしている女友達が多いけど、老いていくうえでは、違う考え方をしなきゃいけないんだろうな、と。

2013・02・17

笑うハーレキン

道尾秀介
中央公論新社

「自然に、ナチュラルな表情で」というのを私のような仕事をしているとよく求められる。求められた時点で全くナチュラルではなくなってしまうのだけどプロだからやる。それは芸能の世界でのみ通用するナチュラルである。では、仕事をしていない時の私はナチュラルなのか？　いやいや、人はどんな時も何かしらの仮面を被って生きているのではないかと思う。時にはハーレキン（道化師）の仮面さえ被って。

ホームレスの出張家具職人、東口太一は仕事道具と僅かな家財道具を積んだトラックの荷台で暮らしている。まだ幼かった一人息子を事故で亡くし、妻とは離婚、仕事仲間にも裏切られ、経営していた会社は倒産に陥る。悲しみ、後悔、怒り、絶望。そういう感情を捨てるためにホームレス生活を選んだのかもしれない。人生が転落する少し前から見えるようになった黒い塊。今では青白い仮面を被った人の形になり、助手席からいつも話しかけて来る。疫病神と名付けた謎の相棒だ。その正体を暴くために私はページを読み進める。難しいなぞなぞみたいなことばかり言う疫病神に少し苛つきながら。

住処《すみか》にしているスクラップ置き場には数人のホームレス仲間が住んでいる。そこで起こるいくつかの謎の事件。「弟子にして下さい」と、突然現れる若い女の正体もまたまた謎である。これはミステリーなの？　サスペンスなの？　謎の組織まで現れ、アクション映画さながらのスリリングなカーチェイスまで。あー面白い。

全てを失った男が謎の事件に巻き込まれ、謎の女を救うために生きる希望を見出した時、疫病神の仮面はとうとう剝がされる。その正体を知った時、やっぱりそうかと胸が苦しくなった。人ってなんて弱い生き物なのだろう。それでも生きてさえいればいつかなんとかなるものだと信じたい。人はとっても強い生き物でもあるのだから。彼等に向かって大きな声で頑張れ！　頑張れ！　と声がかれるまで叫びたくなった。

――人生を巻き戻すことが出来てもきっと人は同じ間違いをしてしまうのだろうな、という切ない気持ちになりました。

なでし子物語

伊吹有喜

ポプラ社

2013・03・17

年を取ると涙もろくなるというけれど本当にそうだと最近思う。ただ街を歩いていても、ただテレビを見ていても、堪《こら》えられないくらい泣きたくなることがある。ささやかな幸せや優しさが私の鼻の奥を一番刺激する。だから、この物語を読みながら私は何度も涙ぐんでしまう。

父親が死に、母親にも捨てられ、見たこともないような大きなお屋敷の使用人として働いている父方の祖父に引き取られた小学四年生の耀子《ようこ》。学校で虐められても、母親に愛情をかけられなくても、いつも目を閉じて幼い自分を抱き上げ背中を撫でてくれた優しく大きな手を思い出していた。お屋敷の老主人が若い女に産ませた小学1年生の立海《たつみ》は身体が弱く、家庭教師の青井をお供に療養中。生き別れた母親のことを誰にも聞けずにいる。立海の兄嫁である四十代の照子はお屋敷の管理をしながら早世してしまった夫の思い出の中でだけ微笑んでいる。一九八〇年、木立が揺れ、風の匂いがする「常夏荘」で孤独な心を抱えた三人は出会う。さりげないのにうっとりするような優しいエピソードが積み重ねられ、三人の心の変化が静かに伝わって来る。特に耀子の心の成長には胸が熱くなる。

　家庭教師の青井が耀子に教えた言葉「自立と自律」。「自立」自分の力で立つ。顔を上げて生きること。「自律」美しく生きる。新しい自分をつくること。閉じていた目を開いて、新しい自分になると決めた耀子の未来が見てみたい。たったひとつの記憶の中に逃げ込んでいた耀子は常夏荘で新たな記憶をたくさん更新したはずだ。二〇一三年の今、耀子はどんな記憶に包まれた大人になっているのだろう。

　背中を撫でてくれた大きな手の感触は四十七歳になった私の胸に今でも時々蘇る。年を取れば取るほど過去が遠くにいってしまう。だから余計に愛しくて泣きたくなる。「自立と自律」を胸に、自分の力で美しく生きて、穏やかな涙もろい老人（新しい自分）を目指したい。

―血の繋がりのない人たちの絆が温かくて、泣きたくなっちゃう。整った言葉も魅力です。友だちの子どもが中学生になったらあげたい本です。

自選　谷川俊太郎詩集

谷川俊太郎

岩波文庫

2013・05・05

忙しい日々。朝目覚めてシャワーを浴び、バタバタと身支度を整え仕事に出掛けるその前に一冊の文庫本を手に取る。おみくじを引くような、今日の運勢を占うような気分でランダムにパッとページを開く。一九八一年に出版された『わらべうた』から選ばれた「わかんない」というひらがなだらけの一篇が今日の私の運勢。

わかんなくても／みかんがあるさ／ひとつおたべよ／めがさめる

わかんなくても／やかんがあるさ／ばんちゃいっぱい／　ひとやすみ

わかんなくても／じかんがあるさ／いそがばまわれ／またあした

ひらがなだらけの短い言葉はこれから仕事に出掛ける私の心を少し明るくしてくれる。こんな風に私はこの一冊を楽しんでいる。時には真剣に考えなくてはならない言葉も、読んでしまった事を後悔するほど怖い言葉にも出会う。十七歳の頃から書き続けた二千数百以上もある詩の中から八十歳を過ぎた著者が今選んだ百七十三篇。まえがきでは即興的に選んだと書いているけれど、今読むべき言葉がたくさん詰まっていると私は思う。四十七歳の私は過去を懐かしんだり、未来を恐れたり、今を苦しんだりしながら日々を生きている。考える事が面倒くさいと思ってしまう朝もある。それじゃダメだと本当に思う。だから私は今日もページを開く。詩人の言葉は私に考える事を忘れさせないでくれるから。

—文庫ですが、新刊だったので、取り上げた一冊。こういうふうに詩集をとらえても楽しいんじゃないですか、という私なりの提案。

鳥と雲と薬草袋

梨木香歩

新潮社

2013・05・26

寝室のベッドに寝転んでこの本を読む。春の日の午前中、開けた窓から入る気持ちのいい風がレースのカーテンを揺らしている。遠くで鳥の鳴く声が聞こえている。

まなざしからついた地名、「鶴見」「富士見」。文字に倚《よ》り掛からない地名、「由良《ゆら》」「田光《たびか》」。温かな地名、「椿泊《つばきどまり》」「小雀《こすずめ》」。著者が訪れたことのある地名をテーマにしたこの随筆集を読んでいると大らかな気持ちになれる。旅先でふと空を見上げたときに長い時の流れを感じるときがある。この空を遥か昔の人々も見上げていたのだろうなと思うと、自分が今この場所を訪れたことに意味を持たせてくれるような気がするのだ。空を見上げるほんの数分の静かな時間が旅の醍醐味だと私は思っている。この本にはその醍醐味がたくさん詰まっているから、寝室のベッドにいながら私もはるばる遠くまで時空さえも越えて旅をすることができる。

私が育ったのは神奈川県厚木市三田《さんだ》という土地。冴えない地名だなとずっと思っていたけれど、目を瞑《つむ》って三つの田んぼが並んでいた頃の風景を想像すると愛おしくなった。

旅をした気分になりました。合併で消えていく地名も多いけれど、言葉として何かが残ってほしいですね。

のと

梅佳代

新潮社

2013・06・23

子供の頃のアルバムの中に面白い写真がある。動物園の象の檻《おり》の前、カメラに向かってアイドルさながらに満面の笑みでポーズを決める私。その後ろで檻の柵に擱まってブリッジのように身体を反らし、逆さまになった状態で不敵な笑みを浮かべる姉。二つ年上のこの姉に私は一生敵《かな》わないのだと、この写真を見る度に思う。

梅佳代さんの写真集『のと』は生まれ故郷の石川県（能登）で撮影された。野球のユニフォーム姿の少年がグラウンドにホースで水を撒《ま》く。勢いよく放たれる水が背景の山脈に美しい虹を映している。決定的瞬間！　白目を剝《む》く変顔の男の子。道路の真ん中でジャンプする少女の驚くべき跳躍力。白いワンちゃんだって負けずにジャンプ。子供も学生さんも中年もお年寄りも犬も、みんな生き生きと今を生きている。百五十枚全てが間違いなく決定的瞬間の写真集だ。可愛くて可笑しくてページをめくるのが楽しくてしかたがない。でも、それと同時にギュッと締めつけられるような切なさが胸に押し寄せる。このページには必ず終わりがあるということ。生きているものの命には必ず終わりがくるということ。楽しい写真を見ながら静かな終わりの予感に泣きたくなってしまう。

私のアルバムの中には今はもう存在しないものたちがたくさん写っている。父親、昔住んでいた家、子供用の自転車、赤いズック、ぬいぐるみ、猫や犬。あの頃、確かにそこに存在していたものたちを証明してくれる家族のアルバム。

『のと』は大きな家族のアルバムだ。十年後、二十年後、いや六十年後七十年後だって家族の誰かがアルバムを開いてあの頃を、確かに生きていたあの時間を証明するのだと思うと、やはり私は切なくなって泣きたくなってしまう。

梅佳代ちゃんが出てきたときは、「若い女の子が楽しげに撮ってるな」という印象だったけれど、「すごい！」ということにやっと気付きました。それで、彼女の写真について、きちんと言いたかった。心で撮っている、と。

寺山修司少女詩集

寺山修司

角川文庫

2013・08・04

夏の一冊　私のイチオシ文庫

浴衣姿の少女の写真が涼しげでふと手に取った詩集である。

「一ばんみじかい抒情詩」

なみだは
にんげんのつくることのできる
一ばん小さな
海です

ここ半年間、朝のドラマで眩《まば》ゆい少女の母親を演じてきた。健気《けなげ》に頑張る娘の姿は日本の朝を間違いなく明るくしていると信じている。でも、少女というのはとても儚《はかな》くいじらしいものである。一ばん小さな海でなんども溺れそうになりながら大人になってゆく。そんな少女を見守る日々もそろそろ終わりだと思うと淋しい限りである。

NHKの「あまちゃん」の撮影中でした。半年間ヒロインの母役をしていたので、爪の先くらいは本当のお母さんのような気持ちになっていたのだと思います。

すっぽん心中

戌井昭人

新潮社

2013・10・20

数年前に道端で大喧嘩をしている若いカップルを目撃した。女の子が激しく怒鳴りながら男の子のTシャツを摑んで引っぱり回していた。もうこれ以上伸びないというレベルまでTシャツは伸びきってすでに衣服の役割を失っていた。私がぼーっと立ち止まって見ていると「見てんじゃねえよ！」と、女の子に怒鳴られてしまった。そして二人は何事もなかったように地下鉄の階段に消えて行った。私はそれをポカーンと見送った。ポカーンとしながら実はとても興奮していて、たった今見た出来事を早く誰かにしゃべりたい！　と思ったけれど上手にしゃべれそうもないのでやめておいた。

この本には表題作「すっぽん心中」の他に「植木鉢」「鳩居《きゅうきょ》野郎」の二篇の短篇も収められている。三篇に共通しているのは、ほんの一瞬タガが外れてしまう人達が描かれているということだ。むち打ち症で首が回らない男と居場所もお金もなくなった若い女は川原でスッポンの入った袋を鉄橋の柱に何度も叩き付ける。妻と幼い子供を軽自動車に乗せて実家に帰省しようとしている男は高速道路をあり得ないスピードで走り出す。異常なほど鳩を恐れている男はビルの屋上で包丁を振り回す。その場面だけを目撃してしまったら事件性を感じてしまうような瞬間だが、彼等は人生の中のほんの一瞬タガが外れてしまっただけである。大変な事が起こりそうな予感に身を固くして読んでいると、何事もなかったようにすーっと静かな日常に戻る。肩透かしをくらったようでもあり、気持ちよく裏切られたようでもあり、あの道端の大喧嘩を目撃した時のように心がポカーンとなった。

物語を読んで、感動したり泣いたり笑ったりすることは素敵なことだけど、こんな風にポカーンとさせられるのもまたとても楽しいことである。読み終わった私はなぜかニヤニヤしてしまった。古本屋で見つけた純文学小説のような装幀もとても素敵です。

——戌井さんのお芝居を観てみたいと思いながら、まだ叶っていません。そのうち必ず。

2014

骨を彩る

彩瀬まる

幻冬舎

2014・01・26

父親が入院していた病院の近くを車で通ると、ジャリジャリするものを思い切り歯で噛んでしまったような嫌な感覚に以前はなった。治療のために繋がれた管だらけの身体、喉《のど》にも穴を開けていたから喋ることも出来なかった父は何を思っていただろう？　考えてみても痛みに歪んだ表情しか思い出せなかった。その嫌な感覚はしばらく続いていたけれど、いつの間にか何も感じずにスーッと通り過ぎることが出来るようになっている。父が他界したのはもう二十年も前、時間はずいぶん過ぎたのだと思った。

誰にでもひとつやふたつあると思う。心や胸の痛みなんか通り越して、骨にまで染み付いてしまった思い。親しい人にもなかなか説明が出来そうもないモヤモヤしたものが病巣みたいに疼《うず》く。その瞬間、世界はモノクロームにしか見えなくなって色を取り戻すのは難しい。この連作短篇集は、そんな思いを骨に染み付かせた人達のお話だ。若くして妻を亡くした男は後悔している。その娘は母親という存在を知らないことに生き難さを感じている。夫に離婚を突きつけられた女は綺麗な千代紙細工で心を埋めている。しっかり者の女はバラバラになってしまった記憶を集めようとせず諦めている。性経験のない若い男は何かを欲しがることはかっこ悪いことだと思っている。少しずつ繋がりのある登場人物たちは、それぞれに起こる出来事の中でモノクロームの世界に鮮やかな色を取り戻す。

著者が紡ぐ言葉や情景がとても美しくて何度も泣きたくなった。救いというほど大げさなものではないのかもしれないけれど、生きている人間には等しく時が流れ、モノクロームの世界に色を取り戻すのには時というものが必ず必要なのかもしれないと思った。時というのは残酷でもあるし、優しくもある。私の骨にもまだいくつかの染みが残っている。時々チクッと疼くけれどいつか甘い痛みに変わるまで今日という時を一生懸命生きなければな、と思った。

「骨を」「彩る」。タイトルが印象的。ちょっと目を引くし、いいタイトルだな、と思いました。

漁師の愛人

森絵都

文藝春秋

2014・02・23

夜の海なのだろうか？　幽かに光る四つの灯りが空に浮かんでいる。とても静かな孤独と、ほんのり温かい希望を感じる平体文枝さんの装画に誘われてこの短篇集を手に取った。

初めて夜の海を見たのは十八歳の時だったと思う。車の免許を取ったばかりの友達と夜中に海までドライブした。カーステレオでサザンオールスターズを聴きながらキャッキャッとはしゃいでいたのだが、車を降りて砂浜に出た時に、真っ黒な海と迫るような波の音が思いのほか恐ろしくて無口になったのを憶えている。

「漁師の愛人」になった女には波の音がどう聞こえていただろう？　音楽プロデューサーだった男が愛人を伴い故郷の町で漁師に転身する。小さな田舎のコミュニティーでは愛人という存在は拒まれ、孤独な愛人は海を見る度にここは一体どこだろう？と自問している。「あの日以降」、都会のシェアハウスに住んでいる女三人に変化が起きる。震災後、仕事、友情、恋愛と、新たな局面に立たされた女達は私の周りにもたくさんいた。特に恋愛。別れる人、よりを戻す人、結婚する人。あの頃の女達の混乱を思い出してう〜んと唸ってしまった。

そしてプリンを巡る三篇「少年とプリン」「老人とアイロン」「ア・ラ・モード」は世の中や大人に対して憤っている男の子がとても可愛い。喫茶店でプリンを切らしているからとプリン抜きのア・ラ・モードを出された男の子の怒りが女子の間で流行しているブラトップ（パッド付きキャミソール）で頂点に達する所で思わず笑ってしまった。プリンシリーズはきっと続きを読みたい読者がたくさんいると思う。

読み終わって再び装画を眺める。深夜というか、もう早朝と言える時間。冬の朝はまだ暗い。波の音は聞こえないけれど、街が動き出す前の静かな都会は真っ黒い海みたいに少し怖い。そろそろベッドで眠らなきゃ。ブラトップを思い出して笑ってしまうかもしれないけれど。

――真夜中に学校のプールに忍び込んで泳いだことがあります。水が真っ黒なコールタールのように感じて怖いので絶対に真似しないでください。

川の光2　タミーを救え！

松浦寿輝

中央公論新社

2014・04・20

前作『川の光』が出版されたのは七年前。時を経て再び彼等に会えるとはなんとも嬉しいことだ。河川工事のため住む場所を奪われ冒険の旅に出たネズミの兄弟タータとチッチが今度は大切な友達、ゴールデンレトリバーのタミーを救うために奮闘する。前作同様、この冒険をハラハラと見守ることしか出来ない無力な人間の自分に苛つきながら私はページをめくる。

珍奇な動物を飼育してマニアに売りつける悪徳ペットディーラー、マモルとツヨシ。そこから逃げてきたクマタカのキッドが川辺でタミーに出会う。キッドを追っ手から守ろうとしたタミーは運悪くマモル達に捕まってしまった。心優しいタミーを救うため立ち上がったのは、逃げ延びたキッド、知恵者の小型雑種犬マクダフ、おっちょこちょいなシェパードのビス丸、聡明で勝ち気なスズメのリル、酔っぱらいドブネズミのマルコ、そしてタータとチッチの七匹だ。前作を読んでいない人も十分に楽しめる冒険譚。

冒険の途中、タータとチッチがスカイツリーの展望台から広大な世界を見下ろして「ああ、ぼくらの暮らしているこの世界は、こんなに凄いんだ」と感動する場面がとても好きだった。小さな自分の世界の外側には考えもしないほどの大きな世界があると知った時、あんなに苦しかった私の悩みなんてほんのちっぽけなものなのだと知った。自分の存在はこの大きな世界の中のほんの一部なのだと認めた時、人は少し救われた気分になれるのかもしれない。まだ何も知らない子供はもちろん、心が疲れてしまった大人にも是非この本を読んでみて欲しい。

ドラマの撮影のため、渋谷の街を抜け高速道路に乗り、東京タワーを通過して、レインボーブリッジを渡り、お台場のスタジオに向かう。これは彼等の冒険の軌跡と同じ。ありえないと分かっていても、私はどこかで彼等が困っていないかと探してしまう。万が一見つけることが出来たら私もこの冒険に一役買えるのに。

お台場のフジテレビに向かう車中、彼らを探しながら、「困ったら車に乗っけてあげるのにな」と思っていました。

たまもの

小池昌代

講談社

2014・08・03

そう短くも長くもない人生の中で一緒に暮らした異性は父親と、結婚をした人だけだ。どちらもそんなに長くはなかったから、ひとりで気ままに暮らしている時間の方が長い。私は子供を持たなかったから小さい子と暮らした経験もない。だから想像すら出来ない。ある日突然、誰かが赤ん坊を抱いてやって来て、ひょいと託されて育てる羽目になるなんてこと。女の子だったらまだいい。自分の経験を思い出してなんとかなるかもしれない。でも、男の子の赤ん坊なんてきっと私は途方にくれるしかない。

主人公は私とさほど年の変わらない女性。独身で、逢瀬《おうせ》を重ねる男性はいるものの、その関係にのめり込んでいるわけでもない。恋や愛や男の人を遠くの山の景色のように捉えているようだ。そんな人がいきなり「母」になる。昔々の恋人が八百万円と一緒に置いていった赤ん坊の母に。山尾という名のその男の子は赤ん坊のくせに、妙にろうたけた不思議な子供だった。すぐに迎えに来ると言った父親はなかなか現れず、十年という月日があっという間に過ぎた。本を読むのが好きな大人びた少年になった山尾との日々はとても楽しくて少し切ない。

子供を産まなかった私にとってこの物語は願望であり、お伽噺《とぎばなし》にも思える。血の繋がりのない母と息子の関係にうっとりしたり、ひやりとしたり、詩人でもある作者の美しい言葉に胸を摑まれて、放心したりしながら読む。

女は生まれた時から女だと誰かが言っていた。では、男の子はどこかではっきりと男に変身するのだろうか。偽物の母は山尾が男になることを導けるのだろうかと不安を抱く。自分よりも弱い何かを守ると決めた時、男の子は男になるのかもしれない。そして、積み重ねた時間は血なんか越えて確かなものにきっとなる。

〈なにびびってるのさ〉。頼もしい山尾の声がする。そう、私にだって積み重ねた確かな時間はあるのさ。びびることなんてないのさ。

泉鏡花賞受賞作。女性の微妙な気持ちを、実生活ではお子さんがいる小池さんが書けるのが格好いいな、と。でも、産んだ人だから書けたのかもしれませんね。

2014・08・10

夏の一冊　やっぱり推したい！

世界で一番美しい猫の図鑑

タムシン・ピッケラル

五十嵐友子●訳

アストリッド・ハリソン●写真

エクスナレッジ

猫が好きだ。こんなに可愛い生き物を創造した神様は偉大だと思うほど好きだ。でも世の中には猫は怖い、なんか苦手、犬より可愛いものなんていないと思っている人もたくさんいると思うので書評を書くのを見送った写真集です。まるで歴史あるファッション誌のページを飾るトップモデルのようなポージングをする猫たちは本当に美しい。その高貴な眼差しにひれ伏したくなる。長いしっぽで頬をピッシャッと打たれたいと思ってしまう私は完全なる猫マゾヒスト。猫好き以外の人々に呆れられても構いません。猫が好きな人だけ共感して下さい。

—今でも猫好きの友人と家でお酒を飲みながら、好みの猫を選んだりしています。

逢沢りく

ほしよりこ

文藝春秋／上・下

2014・12・07

鉛筆だけの素描のように描かれた、ゆるいタッチのこの漫画を侮ることなかれ。私、最後には号泣してしまいました。

逢沢りくは十四歳の誇り高き少女です。素敵なパパとママ、裕福な暮らし、恵まれた美貌。どれをとっても完璧なのに彼女はちっとも幸せそうではありません。悲しみがどういうものか理解出来ないのに、人が悲しむような場面では、まるで水道の蛇口を捻るように最も簡単に涙を流してみせるのです。けれど、人が見ていないところでは一切泣くことが出来ません。パパは若い女と浮気をしています。ママは自分の価値観を押し付けてきます。それでもいい子でいようとするちょっと可哀想な女の子です。私は人前で泣けない十四歳でした。素直に涙を流せる友達を恨めしく思ったりしていました。人前で泣いてしまったら自分の心の中の何かが崩れてしまいそうで怖かったのです。私は、まだ大人でも、もう子供でもない、ただ無力な十四歳の自分にいつもがっかりしていました。人前でしか泣けない逢沢りくもきっと同じ気持ちだったに違いありません。

ある日、逢沢りくは関西の親戚の家に預けられることになります。関西弁も馴《な》れ馴れしい人達も大の苦手だったので試練の日々が始まります。でも、その試練はとても温かかったのです。

お腹《なか》が痛いと授業を抜け出した逢沢りくが屋上に寝転がって見た空と、十四歳の私があの頃見た空はきっと同じ空。広い広い宇宙の中でひとりぼっちの自分。それを受け入れた時のすっきりとした解放感。人はみんな最初から孤独なのだと思う。だからこそ、人が恋しくて、人の温かさが胸に沁みるのでしょう。その温かさに触れた時、人前だろうと一人だろうと、うわぁーんと大きな声で心から泣けたなら、それは大人になるための二度目の産声なのかもしれない。

逢沢りくがベタな関西ネタに涙を流すほど大笑いする日はきっと近い。頑張れ十四歳！

お見事！「猫村さん」とは全然違っていて、こんな作品も描けるんだなと思ったし、鉛筆だけで表現できて、実は絵がすごく上手いのです。

特別インタビュー

読書委員の十年間を振り返って

聞き手●村田雅幸
（読売新聞東京本社・文化部記者）

読書委員になるまで

――昨年までの十年間（二〇〇五年〜一四年）、読書委員を務めてくださって本当にありがとうございました。本来二年任期のところを、余人をもって替え難い、ということで、五期も続けていただきました。小泉さんの書評のすばらしさは、この書評集を読んでくださる方には十分伝わると思いますので、ここでは、小泉さんが読書委員という〝お仕事〟とどう向き合ってきたのかについて、うかがっていきたいと思います。ではまず、読売新聞から「読書委員をお願いできませんか」という依頼があった時、どうお感じになったかというところから。

小泉●たぶん私にはできないだろうから、お断りしようと考えていたんですよ。自分ではそんなに読書家だとは思っていなかったし、エッセイみたいな文章は書いたことがあったけれど、新聞で書評を書くなんて、とても。

――でも、結局お引き受けいただくことになった。

小泉●二〇〇四年の秋でしたか、私の恩師である久世さん（作家、演出家の故・久世光彦）が間に入り、久世さんと読書面デスクの鵜飼さん（現・読売新聞文化部編集委員、鵜飼哲夫）、私とマネージャーの四人で一度ご飯を食べたんです。

――鵜飼が、親しくさせていただいていた久世さんに、仲介をお願いしたんですね。

小泉●その時私が考えていたのは、女優とかタレントとしての名前が欲しいだけだったら嫌なんだけど、っていうことと、文章の書き方などについて分かっていないことがいろいろあるので、原稿にきちんとした評価をしてくれるのか、ということでした。だから鵜飼さんに訊いたんです。私の原稿に対して、「これはボツだ」とか「書き直せ」だとか、そういうことがしっかり言えますかって。でも鵜飼さんは最初、「いや、ボツは絶対ありません」っておっしゃっていて。「じゃあやらない」って私も答えるうち、二人とも次第に酔っぱらってきて、「ボツにはしません」「いや、ボツにしろって」っていうのの繰り返し。

――鵜飼も小泉さんにお会いするということで、かなり緊張していたようでしたし、小泉さんも実は人見知りで、よく知らない人との食事では、思わずお酒をどんどん飲んでしまうんですよね。

小泉●そう。そのあと私は、「散歩行ってきます」って、一度部屋を出るんですが、その間に久世さんが「鵜飼、とりあえず『ボツにする』とでも言っとけ」みたいな感じだったらしく。

――それで鵜飼が、戻ってきた小泉さんに「ボツにする」と言ったんですね。そうしたら小泉さんが、バッと右手を差し出し、握手を求めてきたと。

小泉●そんなドラマチックだったかどうかも覚えてないいんですけど。

――まあ、それで引き受けていただけることになり、担当となった私が小泉さんに初めてお会いしたのはその年の暮れのことでした。最初に言われた一言をよく覚えています。「一つお願いがあるんです。逆差別をしないでください」という言葉でした。「どういう意味ですか」と尋ねると、小泉さんはこう続けました。「アイドルだった私は、『この程度やれば十分』と言われることが多く、悔しかったんです。本当はもっと頑張れるはずなのにって。だから今回は、村田さんがいいと言うまで、何度でも原稿を書き直します」。驚きました。同世代の私から見れば「あの小泉今日子が」と。偉ぶっても全くおかしくないのに、なんて謙虚で真摯な人なんだろうって。読書委員になるにあたり、覚悟のようなものがあったんでしょうか。

小泉●いや、覚悟も何もないんですけどね。ただ、また何か新しいことが自分の中に起こるんだなあとは思っていました。

――書評もそうですが、小泉さんには、新しいことにも恐れずに挑むという印象があります。最近はお芝居にも力を入れられていますが、ご自分の世界を広げていくことへの不安のようなものはないのでしょうか。

小泉●不安はあるし、新しいことを始めようとする時はいっつも「面倒くさい」って思います。できるなら家でずうっと寝転がっていたいっていうタイプなので。でも、それじゃ生きていけない。誰かがご飯運んでくれればいいけど、自分で稼がないといけないですからね。で、仕事するなら飽きないようにしたいなって思って。

――それが自分が前に進む駆動力になるんでしょうか。

小泉●うーん……なんか新しいものをやるときに勉強するっていうのは楽しいんです。まあ、不安だから勉強するって感じでもあるんですけど。

読書委員スタート

――読売の読書面（毎週日曜日掲載）でどんな本を取り上げるかは、外部の識者で構成される読書委員会で決めています。委員会は隔週で東京・大手町の読売新聞東京本社で開かれ、著名な作家や評論家、学者といった委員の方々にお越しいただいて書評する本を決めているのですが、そういった面々と初めて会った時、どんな印象を持たれましたか。

小泉●普段なら会わないような大学の先生とかがいらして、だからちょっと、観察してしまう感じでした。目をまん丸にしてね。そうしたら、意外と理系の男性は結婚指輪をしているんだなあとか思って。

――そうでしたね。小泉さんに言われて初めて気づきました。文系ど真ん中の私も鵜飼も指輪はしていないし、他の文系の委員の方々も大半はしていなかった。

小泉●そんなことをちょっとワクワクしながら見ていたんです。

――委員会での本の決め方は、まず最初に、私たち事務局が書評する候補として二、三百冊の本をテーブルに並べ、委員の方々にはそこから気になる本を数冊選んでもらい、自席に戻って読んでいただきます（約二十人の委員がコの字型に座り、残りの一辺に事務局が座ります）。次に、それらの本の中から、書評を書きたい、あるいは、もう少し検討したいと思ったものがあれば、右隣の委員に回してもらい、それを本が一周するまで繰り返す。つまり、誰かが取り上げたい、検討したいと思った本については、委員全員が目を通すことになるわけです。全員の回覧が終わると事務局が本を回収し、議長席（読書面デスク）に集めてから、一冊ずつ議論していきます。「この本を回されたのは、どなたですか」

とデスクが尋ねると、誰かが手を上げる。

小泉●「はーい、私でーす」ってね。私は小説を取り上げることが多かったので、「ちょっと面白そうなので持って帰って読みます」とか言って。他の委員の方々はご自分の専門分野の本なら、ここがよく書けているとか具体的におっしゃるんですけど。時には、ある方の「この本はこうだと思う」っていう意見に対して、他の方が「あ、でもその本に書かれてることは、ちょっとまだ疑わしいと思う」っていうふうに、別の意見が出てきたりして。

――そうやって議論を重ねていくことで、それぞれの意見が深まり、結果として書評の中身も深くなっていくことがたびたびありました。皆で意見を出し合う会議のようなものに加わることの面白さもありましたか。

小泉●そうですね、私は会社に勤めたことがないので、会議に参加することがあまりない。音楽を作る時などでも打ち合わせはするけれど、すごい少人数で、ディレクターと私だけでもできちゃったりする。読書委員会には、学級会みたいな楽しさがありました。それなりにルールがあって（例、同じ作家の作品は原則、多くとも一年に一冊しか取り上げないなど）、それで、いろんなジャンルの人、いろんな年齢の人がいる。自分の知らない話を聞きながら、さまざまな人を観察できて面白かったんです。

――その場にいて、心がけていたことはありますか。

小泉●いろんな専門家がいる中で、私がここにいる意味はなんだろう、何を求められているんだろうなぁって考えて、他の方々には書けないような書評を書くしかないって思っていました。本の選び方を含めてね。

――小泉さんの書評を読んでいると、小泉今日子という一人の女性の生き方や、今考えていることなどを知ることができる。それも魅力の一つです。

小泉●本って面白かったら、友達とかに「これ、面白かったよ」て渡せば済むものだと思うけれど、書評だとそうはいかないので……。そこで考えたのは、本を読んだ時間みたいなものを書こうということだったんです。読みながらどんなことを感じたかとか。

――伊吹有喜さんの小説『四十九日のレシピ』の書評の書き出しも大変印象的でした。〈四十歳を過ぎた私の人生の中で、やり残したことがあるとしたら自分の子供を持つことだ〉。こんなふうに始められたら、もうその続きを読まずにはいられない。

小泉●伊吹さんの作品は『なでし子物語』も取り上げたんですけど、映像化するなら、亡くなった夫に代わり旧家を守る女性の役は天海祐希さんがいいなぁとか、子供たちを教える家庭教師は深っちゃん（深津絵里）かなぁとか思いながら読んだりもしました。

――キャスティングしながら読んだりもするんですね。

小泉●頭の中なら、いくらでも豪華にできるから。

――そういえば伊吹さんをはじめ、たくさんの作家から、お礼の手紙を受け取られましたね。

小泉●うれしかったなぁ。

――本の帯に使わせてくださいとか、文庫化の際に、解説代わりに使わせてほしいとか、出版社からも多くの依頼がありました。ところで、書評を書いていて大変だったのはどんな点でした?

小泉●まず、本を読む時間をどこで作るかっていうこと。特に舞台の仕事があると、本番が始まってしまえば大丈夫なんですけど、稽古している時は、本に書かれた言葉が入ってこないんです。舞台の役のせりふでいっぱいで、頭を切り替えるのが難しくって。映画だと、撮影の間の待ち時間で読めることもあるんですが、これも役によってはそういう気持ちになれないことがありました。

――そんなお忙しい小泉さんに、最初のころは何度も原稿の書き直しをお願いしたことがありました。やりとりが深夜に及ぶこともあって申し訳なく思っていたのですが、「いいものにしたい」という小泉さんの思いが伝わってきたので、じゃあもう少し頑張っていただこうと。いやぁ、今思い返しても、本当によくやっていただきました。

小泉●だって「直せ」って言うから、アハハ。ただ、書いている時って、これで伝わるかなぁって思うんです。本を読んでいる私は分かるけど、読んでいない人にもこれで届くだろうかって。とりあえず村田さんに原稿を送ってみて、確認してみる、みたいな。

――最初のころに苦労した本はやはり、いしいしんじさんの『ポーの話』ですか。

小泉●そうですね。

――主人公は、泥の川の岸辺で暮らす「うなぎ女」たちを母に生まれたポー。とても一言では説明できない豊穣な物語でした。

小泉●ファンタジーというか、その世界を説明するのが難しかったですね。

――三度か四度、書き直していただきました。でも、ギリギリの日程でメールで送られてきた原稿は、すばらしかった。〈人生はこうして始まるのだと思った〉という一文から始まる段落などは、私たちの日常からはうんと離れているように思える物語が持つ普遍性を指摘していて、大したものだと。

本との出会い、読書の楽しみ

――小泉さんの書評には、印象に残る言葉がたくさん出てきますが、そういう言葉は、どのようにして小泉さんの中に入ってきたんでしょうか。女優という仕事を通して、いいせりふをいくつもしゃべってきたとか、さまざまな歌を歌いながら、そこに書かれた言葉に触れてきたとか、そんな経験も影響していますか。

小泉●もちろんそうでしょう。あと、仕事だけでなく、わりと家族全員が本を読む家だったということもあると思うんですね。父はミステリーを読んだり、小松左京を読んだりしていて、母は有吉佐和子や平岩弓枝、瀬戸内晴美（現・寂聴）っていうふうに。姉二人も本が好きで、私が生まれた時には、本棚には児童書がいっぱいありました。私といえば、テレビを観たり、友達なんかと歌を歌ったり、『明星』を読んだり、ラジオを聞いて新しい歌を覚えたりすることの方が好きでした。家族で一番読んでいなかったんです。だけど、確か小学校高学年の夏休みだったと思うんですけど、家に誰もいなくて、退屈だなあと思って本棚から本を取って読んでみたら、これが面白い。姉が買った星新一さんのショートショートで、初めて本をちゃんと一冊読めたって、すごくうれしかったんですよね。それから本が好きになったのかなぁと思います。

――芸能界に入った後も、よく本を読んでいたそうですね。

小泉●人としゃべるのが得意じゃないので、本を読んでいたという面もありました。仕事の合間にただ座っているだけだと話しかけられちゃうけど、本を読んでいれば、あまり話しかけられない。そんな小道具でもあったんです。あと、やっぱり本を読めば勉強になるし、頭の中でのことではあるけど、どこにでも行くことができる。未来でも過去でも、ここにはない世界にでも。不思議だなって思うんです。ただ文字が並んでいるだけなのにね。

――そうですね。人はどうやって文字を理解して、そこから景色を浮かび上がらせているのかと考えると、本当に不思議です。文字の羅列を読んで、笑ったり泣いたり怒ったりするんですから。

小泉●同じ日本語を使っているのに、作家ごとに全然違う世界が作られているっていうのもすごい。

――そういう不思議で、かつ非常に豊かな世界に多くの人が触れるきっかけを、小泉さんは書評という形で作ってくださった。読書って本当に楽しいものですよね。

小泉●家から一歩も出ないのに、宇宙でもどこにでも行けるのもそうだけど、本を読みながら自分のこと、誰かのことを考えるっていうことも、私にとっては大事だったような気がします。「あの時、母親はこんな気持ちだったのかもなぁ」と理解したり、若いころのボーイフレンドを思い出して、「こういうことだったのか、この野郎」って怒ってみたり。本を読みながら、自分の頭の中がちょっと整理できることがある。「あぁ、なるほど」ってね。

――そんな、いいことずくめの本を読む人が減っているのは残念ですね。

小泉●だから電車の中とかでも、若いお嬢さんが文庫本とかを読んでいると、すっごいステキに見える。スマホをいじっているよりも断然！　おじさまとかでも読書している人はいいなって思うし。でも、十代や二十代の若者の一部は、わりと深く本を読んでいるような気がします。古い映画を観ていたりもして。面白い時代が来そうだなって、私、すごく期待してるんです。

サロンとしての読書委員会

――一緒にやられた読書委員の中で、印象に残ってる方はいらっしゃいますか。

小泉●一年目は、川上さん（川上弘美）がいらしたので、ちょっと心強くて。川上さんの小説『センセイの鞄』が久世さんの演出でドラマ化された時、主人公のツキコさんをやらせていただいたりしていたので、以前から面識があったんです。だから、なるべく川上さんの近くの席に座っていた気がします。

――議長席から一番遠いところでしたね。

小泉●そうそう。

――席は決まっていなくて、どこに座ってもよかったんですが。

小泉●ただ、川村先生（ドイツ文学者の故・川村二郎）とかは右側の一番前みたいに、なんとなく席が決まっていました。で、遅刻がちな人は後ろの方。ま、不良の席みたいな。フフ。修学旅行のバスの、みたいな感じで。

――他に印象に残っている方は？

小泉●やっぱり最初のころに出会った方たちが思い出深いですね。櫻井さん（元第一生命保険社長の故・櫻井孝頴）とかね。怖かったでしょ、なんか。

――鬼上司っていう感じでした。誰かが検討したいとおっしゃった本を、「大した本じゃありません」と一刀両断したりして。財界人としては、資生堂の福原さん（資生堂名誉会長、福原義春）もいらっしゃいました。

小泉●優しい方でしたね。品もあって。福原さんとは委員会でご一緒したことはないのですが、別のところで、何度か対談させていただきました。そうそう、櫻井さんがすごい怖いなぁと思っていたけれど、本当は怖くなくって、読書委員会が終わると、「今日はこのままお帰りになるの？」とか聞いてくださって。「はい」って答えると、「車で送りましょうか」って。でも、車に二人で乗ったらどんな会話をしていいのか分からない。それで「電車で帰ります」って答えたりして。紳士でした。あと、よく覚えているのは、NHKにいらした吉田さん（元NHKディレクターの故・吉田直哉）や米原さん（作家でロシア語同時通訳者だった故・米原万里）。米原さんも本には厳しくて、ビシーッと鋭い言葉が聞こえてたっていう印象があります。あぁ、でもこうやって思い返してみると、お亡くなりになった方も多いですね。さみしいです。

――読書委員会の会議が終わると毎回、皆でお酒を飲みながら懇談しました。あれも楽しかったです。

小泉●パレスホテル（東京・丸の内）まで歩いて行って、一階の奥にあるラウンジでまず一杯いただいて。それから二次会もあって。私が委員を始めたころの二次会の場所は、四谷三丁目の「英《ひで》」でした。

――中上健次なども通っていた文壇バーです。

小泉●英さんがお店を一年ぐらいでおやめになっちゃったから、それからは、そのころ読書委員だった苅部さん（東大教授・苅部直）のお友達がやっているブックカフェみたいなところに変わって。

――そうでした。麹町の日本テレビのそばでした。

小泉●そこを夜、貸し切りにしてもらって。それから、「人魚の嘆き」（神保町の文壇バー）を使った時期がありました。でも彩子さん（店主の松本彩子）も立ち退きに遭って店を閉めちゃったから、次は銀座の「とみなが」っていう店に移って。その移り変わりを思い出すだけで、十年もやっていたんだなぁと感慨深くなりますね。

――飲みながら、いろいろな話をしました。個人的な話題から政治、芸術、文学、そして読書面のあり方まで。そういう会話を通して、読書委員同士の距離が縮まることも期待していました。かつては、さまざまなジャンルの文化人が集まって語り合う〝サロン〟がありましたが、読書委員会をそういう場にできないかとも考えていたんです。そうできれば、読書委員をやっていただいたことの意味がもっと広がるのではないかと。

小泉●ちゃんと交流を持てるから楽しいんですよね。

――そういう繋がりは紙面にもにじみ出ていたと思います。

小泉●そうですね。最初は関心のなかった本でも、誰かに勧められて読んでみて、書評を書くこともある。みんなお互いのキャラクターを分かっているので、誰かが、この本は○○さんに書いてもらうのがいいんじゃないかって言ったりして。

読書委員の十年

――読書委員をお願いしていた期間というのは、「人生八十年」と考えれば、ちょうど「折り返し地点」。書評を一つ一つ読んでいくと、その時々の小泉さんが過ごした時間が見えてくるけれど、こうやって一冊にまとまったものを読むと、小泉さんの三十八歳から四十八歳までの十年という長い時間が、ここにあるんだと分かります。

小泉●そうですね。結果としてその時間が見えたのが面白かった。今回、本にするにあたって書いた書評を全部を読み返してみて、あら～って思ったもん。

――どういう十年だったと言えますか？

小泉●うーん、なんか、勝手に〝修行中〟みたいな感じでしたね。生きることの。だからいろいろとやってみました。葉山に住んでみたりとかね。この年齢で独身でいると、「今後どうやっていこうかなぁ」とかいう感覚があるから、書評にも書いたけど、家を買った方がいいのかとか、子ども産んでないなぁとか、そういうのをずっと考えたりしながら過ぎていった十年でした。女として、人としてのこの先がここで決まる、という感覚があったのかなと思います。

――読書委員だった十年の経験が、「小泉今日子」という生き方にも影響を与えたとも言えるのでしょうか。

小泉●きっとね。話す言葉とかも確実に変わっていると思います。あと、何かを人に説明することがうまくなっている気もするなあ。十年前より知った言葉もたくさんあるし、いろんな人に会って、いろんなお話も聞いている。とても勉強になりました。

――そう言っていただけると、本当にありがたいです。いろいろご無理を申し上げていたと反省している部分もあるので。

小泉●そんな……。ちゃんと成長してるなって思えたから大丈夫。それにしても三十八から四十八の十年で、相当変わったんだろうな、私。そんな時間が本になって、ここに残るんだと思うと、本当にありがたいです。

書誌一覧

書評で取り上げた本の、本書刊行時のデータです。＊は、品切れのものです（２０１５年10月現在）。

2005年

『しゃぼん』吉川トリコ（集英社文庫）
『沢村貞子という人』山崎洋子（新潮文庫）＊
『野ブタ。をプロデュース』白岩玄（河出文庫）
『もてなしの心　赤坂「津やま」東京の味と人情』野地秩嘉
　→改題『娘に贈る家庭の味　赤坂「津やま」もてなしの心』（文春文庫）＊
『となり町戦争』三崎亜記（集英社文庫）
『さくら』西加奈子（小学館文庫）
『人生ベストテン』角田光代（講談社文庫）
『イソップ株式会社』井上ひさし／和田誠絵（中公文庫）
『ポーの話』いしいしんじ（新潮文庫）＊
『東京タワー　オカンとボクと、時々、オトン』リリー・フランキー（新潮文庫）
『ふたりの山小屋だより』岸田衿子／岸田今日子（文春文庫）＊
『夏の吐息』小池真理子（講談社文庫）
『一千一秒の日々』島本理生（角川文庫）
『白骨花図鑑』甘糟幸子（集英社）＊
『プーさんの鼻』俵万智（文春文庫）＊
『ワルボロ』ゲッツ板谷（幻冬舎文庫）＊

2006年

『クワイエットルームにようこそ』松尾スズキ（文春文庫）
『それにつけても今朝の骨肉』工藤美代子
→改題『今朝の骨肉、夕べのみそ汁』（講談社文庫）
『わたしのマトカ』片桐はいり（幻冬舎文庫）
『黒猫ひじき』西村玲子（ポプラ社）＊
『ミーナの行進』小川洋子（中公文庫）
『本を読むわたし』華恵（ちくま文庫）
『銀の犬』光原百合（ハルキ文庫）
『夕子ちゃんの近道』長嶋有（講談社文庫）
『八月の路上に捨てる』伊藤たかみ（文春文庫）

2007年

『空と海のであう場所』小手鞠るい（ポプラ文庫）
『一瞬の風になれ』佐藤多佳子（講談社文庫・第1部〜第3部）
『均ちゃんの失踪』中島京子（講談社文庫）
『夢を与える』綿矢りさ（河出文庫）
『無銭優雅』山田詠美（幻冬舎文庫）
『恋って苦しいんだよね』永沢光雄（リトルモア）
『オバハン流　旅のつくり方』吉永みち子（中央公論新社）＊
『お月さん』桐江キミコ（小学館文庫）
『頭のうちどころが悪かった熊の話』安東みきえ（新潮文庫）

『建てて、いい？』中島たい子（講談社文庫）＊
『鹿男あをによし』万城目学（幻冬舎文庫）
『おいしい庭』筒井ともみ（光文社）＊
『赤い蠟燭と人魚』小川未明／酒井駒子絵（偕成社）
『川の光』松浦寿輝（中央公論新社）
『がらくた』江國香織（新潮文庫）
『猫鳴り』沼田まほかる（双葉文庫）

2008年

『二つの月の記憶』岸田今日子（講談社）＊
『健康の味』南伸坊（白水社）
『かもめの日』黒川創（新潮文庫）＊
『変愛小説集』岸本佐知子編訳（講談社文庫）
『百鬼夜行抄』今市子（朝日新聞出版 Nemuki＋コミックス・1〜24巻）
『ラン』森絵都（角川文庫／講談社）
『アカペラ』山本文緒（新潮文庫）

2009年

『悼む人』天童荒太（文春文庫・上下巻）
『ロードムービー』辻村深月（講談社文庫）
『枝付き干し葡萄とワイングラス』椰月美智子（講談社文庫）
『宵山万華鏡』森見登美彦（集英社文庫）
『パーマネント野ばら』西原理恵子（新潮文庫）＊

『昭和二十年夏、僕は兵士だった』梯久美子（角川文庫）
『アミダサマ』沼田まほかる（新潮文庫）

2010年

『ロスト・トレイン』中村弦（新潮文庫）＊
『四十九日のレシピ』伊吹有喜（ポプラ文庫）
『桐島、部活やめるってよ』朝井リョウ（集英社文庫）
『ほしいものはなんですか？』益田ミリ（ミシマ社）
『サラの鍵』タチアナ・ド・ロネ／高見浩訳（新潮クレスト・ブックス）
『十二人の手紙』井上ひさし（中公文庫）
『小さいおうち』中島京子（文春文庫）
『あんじゅう　三島屋変調百物語事続』宮部みゆき（角川文庫）
『漂砂のうたう』木内昇（集英社文庫）

2011年

『ツナグ』辻村深月（新潮文庫）
『木暮荘物語』三浦しをん（祥伝社文庫）
『テコちゃんの時間　久世光彦との日々』久世朋子（平凡社）
『ピエタ』大島真寿美（ポプラ文庫）
『真夜中のパン屋さん』大沼紀子（ポプラ文庫）
『想い出あずかります』吉野万理子（新潮文庫）
『私の浅草』沢村貞子（暮しの手帖エッセイライブラリー）
『言わなければよかったのに日記』深沢七郎（中公文庫）

『これからの誕生日』穂高明（双葉文庫）
『明日のマーチ』石田衣良（新潮文庫）
『平成猿蟹合戦図』吉田修一（朝日文庫）
『望月青果店』小手鞠るい（中公文庫）

2012年

『スウィート・ヒアアフター』よしもとばなな（幻冬舎文庫）
『きなりの雲』石田千（講談社）
『NOTES』尾崎豊（新潮社）
『七夜物語』川上弘美（朝日文庫・上中下巻）
『オートバイ』A・ピエール・ド・マンディアルグ／生田耕作訳（白水Uブックス）
『愛のバルコニー』荒木経惟（河出書房新社）
『人間仮免中』卯月妙子（イースト・プレス）

2013年

『快楽上等！』上野千鶴子／湯山玲子（幻冬舎文庫）
『笑うハーレキン』道尾秀介（中央公論新社）
『なでし子物語』伊吹有喜（ポプラ文庫）
『自選　谷川俊太郎詩集』谷川俊太郎（岩波文庫）
『鳥と雲と薬草袋』梨木香歩（新潮社）
『のと』梅佳代（新潮社）
『寺山修司少女詩集』寺山修司（角川文庫）
『すっぽん心中』戌井昭人（新潮社）

2014年

『骨を彩る』彩瀬まる（幻冬舎）
『漁師の愛人』森絵都（文藝春秋）
『川の光2　タミーを救え！』松浦寿輝（中央公論新社）
『たまもの』小池昌代（講談社）
『世界で一番美しい猫の図鑑』
　タムシン・ピッケラル／五十嵐友子訳／アストリッド・ハリソン写真（エクスナレッジ）
『逢沢りく』ほしよりこ（文藝春秋・上下巻）

索引

ア

タ

ナ

ハ

マ

初出●
『読売新聞』朝刊（二〇〇五年一月〜二〇一四年十二月）
掲載日は、各頁に記載しています

装幀・本文デザイン●ミルキィ・イソベ＋林　千穂

小泉今日子

1966年神奈川県生まれ。歌手、女優として、舞台、映画、テレビで幅広く活躍する。エッセイのファンも多く、著書に『パンダのan·an』『小泉今日子の半径100m』『小雨日記』など多数。

小泉今日子書評集《こいずみきょうこしょひょうしゅう》

2015年10月25日　初版発行
2016年3月25日　11版発行

著　者　小泉今日子《こいずみきょうこ》
発行者　大橋善光
発行所　中央公論新社
〒100-8152　東京都千代田区大手町1-7-1
電話　販売 03-5299-1730　編集 03-5299-1920
URL http://www.chuko.co.jp/

DTP　平面惑星
印　刷　三晃印刷
製　本　大口製本印刷

Published by CHUOKORON-SHINSHA, INC.
Printed in Japan　ISBN978-4-12-004779-4 C0095